LES CARACTÈRES

DE LA CHARITÉ.

LES CARACTÈRES

DE LA CHARITÉ,

OU

LA FAMILLE DAUPHINOISE

ÉTUDIANT CES DIVINS CARACTÈRES.

> *Si habuero omnem fidem... charitatem autem non habuero, nihil sum.*
>
> Quand j'aurais toute la foi possible, si je n'ai pas la charité, je ne suis rien. *I. Cor.* 13.

LYON,
DE L'IMPRIMERIE DE M. P. RUSAND.
1831.

LES CARACTÈRES
DE LA CHARITÉ,

OU

LA FAMILLE DAUPHINOISE

ÉTUDIANT CES DIVINS CARACTÈRES.

LIVRE PREMIER.

Dans cette famille dauphinoise est une jeune personne, dont le nom est Lucie; et dont Dieu se sert pour resserrer de plus en plus en elle les liens de la charité.

PREMIER ENTRETIEN.

Lucie effrayée à la vue de tout ce qui se passe autour d'elle, a recours à Dieu. — Son invocation à la charité. — Sa prière à l'apôtre des nations, etc.

LUCIE.

1. O mère des élus, divine charité,
   L'image parmi nous de la Divinité!
   Auriez-vous résolu d'abandonner la terre,
   Quand s'allume partout le fléau de la guerre,
   Lorsque dans tous les lieux, les coupables humains,
   La rage dans le cœur, le glaive dans les mains,

Entraînés aux excès du plus affreux délire,
Ne se rapprochent plus que pour s'entre-détruire ?
2. O Paul, ô divin Paul, l'apôtre des gentils,
Emules des premiers, vos enfans où sont-ils ?
Où sont-ils ces enfans conquis à l'Evangile,
Qui tous n'avaient qu'un cœur, qu'une ame, qu'un asile ;
Qui tous s'aimaient si fort, bien loin de se haïr,
Que chacun pour la paix fut heureux de mourir,
Plein d'un courage mâle, armé de patience,
Tel l'agneau, sans offrir la moindre résistance ?

PAUL.

3. La foi, fille des cieux, dans le cœur du chrétien
A vu se relever l'idole du païen ;
Alors elle a dû fuir, sa céleste lumière
Du nouvel apostat offensant la paupière.
A sa suite l'espoir, l'aimable charité,
Ont dû le fuir ce cœur par le crime agité ;
Lorsque l'affreux Satan, que la vengeance guide,
A répandu sur lui son venin homicide.
C'est alors qu'on a vu le chrétien apostat,
La rage dans le cœur, ne rêver que combat ;
Nouveau fils de Satan, émule de son père,
N'avoir plus, comme lui, que l'humeur sanguinaire.

LUCIE.

4. Mais la foi du chrétien, cette fille des cieux,
Qui dans les droits sentiers fit marcher nos aïeux,
Qui rendit autrefois si prospère la France,
Nourrissant tous les cœurs de la douce espérance,

Les tenant embrasés de l'amour fraternel,
A-t-elle pour toujours délaissé le mortel?
N'est-il pas même encor, dans cette apostasie,
Quelque cœur ennemi de toute hypocrisie,
Quelque ame fortunée, où cet esprit malin
N'aura pu réussir de glisser son venin?

PAUL.

5. Oui, malgré les fureurs du démon homicide,
Il est des cœurs encore ayant la foi pour guide;
Des cœurs qui, retranchés dans le cœur de Jésus,
Bravent les vains efforts des enfers confondus;
Des cœurs purs, où le Ciel, de sa vive étincelle,
Attise chaque jour une flamme nouvelle,
Un tendre amour pour Dieu, comme pour le prochain:
Mais, qu'il est peu de cœurs où ce feu surhumain
Soit vrai, vif et constant, soit exempt de souillure,
Dont le motif soit Dieu, dont la flamme soit pure!

LUCIE.

6. Digne amant de Jésus, de qui le pur amour
Fit incliner le cœur à l'aimer sans retour;
Apôtre des gentils, et dès-lors notre père (1),
De cet amour divin dites le caractère.

7. Consumé des ardeurs de cet amour sans fiel,
Elevé par ses feux jusqu'au troisième ciel,
A vous il appartient de dire sa nature,
Ses charmes sur les cœurs atteints de sa blessure,

(1) Car nous descendons des gentils, dont S. Paul est spéciale-
ment l'apôtre, les ayant convertis à la foi.

(4)

Ses fruits, ses qualités, ses dons surnaturels,
Qui font, unis entr'eux, s'entr'aimer les mortels;
Qui font enfin régner le ciel dessus la terre,
Etouffant parmi nous le fléau de la guerre.

8. Sans doute que telle est la source des malheurs,
Que l'on vit de nos jours désunir tous les cœurs,
Les aigrir, les armer les uns contre les autres;
L'oubli des saints devoirs qu'ont prêchés les apôtres,
L'oubli, par-dessus tout, des lois de charité.

9. C'est alors loin de toi, flambeau de vérité,
Que l'enfer en secret inocula sa rage,
Qu'il établit ses lois de sang et de carnage.

10. Daignez donc, divin Paul, mon père dans la foi,
De l'amour trois fois saint me retracer la loi!
Ah! ne dédaignez pas d'entendre ma prière!
Faites luire à mes yeux la céleste lumière!
Quelque petit que soit le nombre des élus,
Réprouvant des mondains les plaisirs dissolus,
Je veux l'être à tout prix; à l'aide de ses grâces,
De Jésus mon Sauveur je veux suivre les traces.

PAUL.

11. L'univers en entier, sur son axe agité,
Est en proie aux fureurs de l'enfer irrité.
L'homme abjurant son Dieu, sa suprême puissance
N'aperçoit plus en lui l'objet de sa clémence:
Désormais que l'enfer lance sur lui ses dards!
Il doit, pour le punir, détourner ses regards;
Dans sa justice il doit lui rendre la pareille,
A ses cris déchirans, ne plus prêter l'oreille,

Ne plus tendre la main pour repousser le trait
Que son fier ennemi lui dirige en secret.

12. L'homme a voulu Satan, que Satan soit son maître !
A ses sanglantes lois, qu'il sache le connaître !
Qu'à sa droite placé, pour prix de ses erreurs,
Ce féroce ennemi, de toutes ses fureurs
Le rende le complice et bientôt la victime !
Pour qu'en lui soit puni le crime par le crime,
Sur le corps mutilé de son frère innocent,
Qu'un dernier assassin vienne verser son sang !

13. Chère enfant !.... Mais, adieu ! là je te congédie :
Tel un chef de maison, dans un vaste incendie,
En toute hâte accourt, s'avance soucieux,
Afin d'en arracher les vases précieux ;
Ainsi dois-je en agir aux quatre coins du monde,
Aux camps, dans les cités, sur la terre et sur l'onde ;
Quand l'enfer, entr'ouvrant ses vastes soupiraux,
A fait pleuvoir partout des déluges de maux.

14. Partout est l'incendie et la guerre civile,
L'enfer embrasse tout, la campagne et la ville ;
Au nord conme au midi, le danger est pressant,
Le feu brûle partout, partout coule le sang.

15. Te quittant pour voler vers le point de l'aurore,
Où de couleurs de sang, l'horizon se colore,
Où la mort par milliers moissonne les mortels,
Je te laisse pleurant au pied des saints autels.
Mais reçois de ma main ce livre prophétique,
Où le Ciel fit graver cette morale antique,
Cette loi du Seigneur qui guida tes aïeux,
Les fit marcher en paix dans le chemin des cieux :

Là, de la charité, sous le sceau des mystères,
Te seront expliqués les divins caractères;
16. Au prêtre de Sion, du nom Barthélemi,
Ce livre tout divin autrefois fut remi;
Lui-même, s'il le veut, peut t'en montrer le titre,
A tes yeux attentifs en marquer le chapitre;
De chaque trait divin découvrant le rayon,
Satisfaire aux élans de ta dévotion.

DEUXIÈME ENTRETIEN.

Lucie et Julie, sa sœur.

LUCIE.

1. Vois-tu, ma chère sœur, ce livre de mystères,
Où de la charité sont peints les caractères;
Où le chemin des cieux, à sa droite placé,
Fut par le Dieu Sauveur, pour ses élus tracé;
Où les enfans de Dieu, soutenus par sa grâce,
Y marchant constamment, nous en ouvrent la trace?
2. Qu'il est heureux pour nous de l'avoir, ce trésor,
Plus beau que la clarté, plus précieux que l'or!

JULIE.

3. Qui t'a donné ce livre, ô ma chère Lucie!
Est-ce un livre divin? Est-ce une prophétie?

LUCIE.

4. C'est un présent des Cieux, ô ma bien chère sœur !
Un saint apôtre, Paul, en un jour de ferveur,
Le plaça dans mes mains pour essuyer mes larmes.

5. En ce jour je voyais tout l'univers en armes,
Des champs jonchés de morts, l'incendie en tous lieux,
Les flammes s'élevant à la hauteur des cieux :
Le cœur rempli d'effroi, je craignais pour moi-même,
Lorsqu'invoquant mon Dieu, sa majesté suprême
Daigna dans sa bonté se souvenir de moi,
Et placer dans mes mains ce livre de sa loi.

JULIE.

6. Mais ce livre divin, sauras-tu le comprendre ?
Chacun, en le lisant, a-t-il l'art de l'entendre ?

LUCIE.

7. Ses secrets sont profonds autant qu'il paraît beau ;
La main du Tout-Puissant les couvre de son sceau :
Jésus, son divin Fils, cet Agneau débonnaire,
A mérité lui seul d'en sonder le mystère,
D'en détacher le sceau, de produire au-dehors,
En faveur des croyans, ses immenses trésors.

JULIE.

8. Mais Jésus dans les cieux, tout brillant de lumière,
Est monté, s'est assis à la droite du Père ;

Il ne reviendra plus habiter parmi nous ;...
A ceux qui de l'aimer se montreraient jaloux,
Pour exciter en eux sa salutaire crainte,
Il ne reviendra plus expliquer sa loi sainte.

LUCIE.

9. Tu te trompes, Julie ; il est, au saint autel,
Epris d'amour pour nous, comme il l'est dans le ciel ;
Il honore nos cœurs de sa sainte présence,
Quand nos cœurs préparés, rendus à l'innocence,
Viennent le recevoir à son banquet divin.
10. Toujours de son Eglise il règle le destin ;
Sa puissance est son bras, son saint esprit son ame ;
Il dirige sa marche, il l'éclaire et l'enflamme.
Contre les vains projets des enfers impuissans
Et de leurs vils suppôts les efforts menaçans,
Il lui fera chanter si souvent la victoire,
Qu'ensemble ils oseront lui disputer sa gloire.
11. C'est par ce moyen sûr que le divin Jésus
Voit toujours à ses pieds les enfers confondus.
Son église infaillible ouvrant son sein de mère,
Sur nos mystères saints fait jaillir sa lumière ;
Et ses prêtres nombreux, milice de Sion,
Vont partout en héraults en semer le rayon.
12. Sois donc, sois rassurée, ô ma chère Julie !
Ici n'imitons pas des mondains la folie......
Un prêtre du Seigneur doit habiter ces lieux ;
Allons le conjurer de dessiller nos yeux,
De nous rompre le sceau mis sur nos saints mystères,
Qui de la charité voile les caractères.

(9)

Le Sauveur a promis de régler le savoir
Du prêtre revêtu de son divin pouvoir;
Et pour de toute erreur éviter la surprise,
Il l'a soumis lui-même aux règles de l'Eglise.
Allons donc le trouver, avançons dans la paix,
Nos vœux sont nés des Cieux, ils seront satisfaits.

JULIE.

13. Mais, Cieux! le voudra-t-il, d'une telle science
Dévoiler les trésors cachés à notre enfance?
Ne nous dira-t-il pas, inspiré par l'ennui,
D'aller nous adresser à tout autre qu'à lui?

LUCIE.

14. Un prêtre du Seigneur, un frère à notre père,
A ses nièces pourrait refuser la lumière,
Lorsqu'à des étrangers entr'ouvrant ses trésors,
Il va la prodiguer tant aux vivans qu'aux morts,
Aux justes, aux élus, à l'athée, à l'impie!
Serait-il insensible aux larmes de Lucie,
Tandis qu'un seul soupir de la part du pécheur
Eut toujours le secret d'exciter son ardeur?
Julie auprès de lui, son autre nièce encore,
Qui de ses premiers ans touche encore à l'aurore,
Serait aussi sans droits auprès de son bon cœur?
Non, non, il ne se peut; non, ma bien chère sœur :
A peine aura-t-il lu le désir de notre ame,
Que de la charité faisant jaillir la flamme,
Il voudra de nos cœurs en faire le brasier.

15. Tel on vit autrefois cet antique guerrier

S'avancer fièrement sur la place publique;
Là, s'adressant aux Juifs, d'une voix héroïque,
Leur dire, à ceux d'entr'eux qui conservaient la foi:
« Quiconque est consumé du zèle de la loi,
« D'un transport courageux, qu'il se lève et me suive (1)! »
Tel le fit celui-là, près de la race juive:
Un prêtre de Jésus, sous l'ère des chrétiens,
Ciel! ne le ferait pas de même auprès des siens!

16. Tous suivent le premier, en entier la famille,
Les fils, les serviteurs, et la mère et la fille,
La nièce et le neveu, le frère et le germain,
Tous enflammés par lui d'un zèle surhumain
Qui les fit triompher, guidés par son exemple,
Des nombreux ennemis qui profanaient le temple.

17. Sois donc sûre, ô Julie! ô ma bien chère sœur,
Que notre oncle, pour Dieu brûlant aussi d'ardeur,
Témoin de nos désirs, attendri par nos larmes,
Va sitôt de la loi nous révéler les charmes.

18. Ce cher oncle, à son tour, mu par tant de liens,
Tant d'intérêts divers, qui l'unissent aux siens,
Le poussera ce cri qui va frapper l'oreille,
Pénètre jusqu'au cœur, l'émeut et le réveille.
Par lui nos cœurs émus, brûlans de charité,
Nous le suivrons alors jusqu'en éternité.

(1) Mach., II, 29.

TROISIÈME ENTRETIEN.

Lucie et Julie vont chercher leur oncle dans la maison de Dieu, où elles le trouvent remplissant les devoirs de son ministère, annonçant la parole de Dieu à une grande multitude ; dès qu'il est descendu de la chaire de vérité, elles l'abordent, lui font part de leur vœu et lui montrent le livre qu'elles ont reçu de la main de Paul.

LUCIE (au prêtre Barthélemi, son oncle).

1. Vous qui portez le nom d'un d'entre les apôtres,
Cher oncle, devant Dieu oublîriez vous les vôtres ?
Chez les étrangers seuls, confesseur de la foi,
Iriez-vous expliquer le livre de la loi ?
Nous vos proches parens, l'ardeur de votre zèle
Nous aurait-elle exclus de la vie éternelle ?

BARTHÉLEMI.

2. Enfans chéris des Cieux, d'où vous vient cette ardeur,
Qui, d'un feu tout céleste, embrase votre cœur ?
Dans un si beau début, que j'aime à vous entendre !
Quel service, en ce jour, pourrai-je donc vous rendre,
Qui réponde aux élans d'un si pieux désir ?
3. Ciel ! vous pourriez douter du sensible plaisir
Qu'éprouvera mon cœur, si par mon ministère
Je puis faire de vous des enfans de lumière !

4. Mais, dites-moi, comment ce rayon tout divin,
Embrasa de ses feux votre cœur enfantin?

LULIE.

5. J'étais devant ma croix, au sein d'une retraite,
Lorsqu'un nuage épais, suspendu sur ma tête,
Creva, lançant au loin la foudre et les éclairs.
Sous ce nuage affreux j'aperçus dans les airs ,
Des enfers déchaînés la formidable armée.....
Sitôt au temple saint j'accourus alarmée,
Conjurant le Seigneur d'avoir pitié de moi.
Là, sentant dans mon sein se ranimer ma foi,
Une voix en secret, tel serait un oracle,
Une plaintive voix, sortit du tabernacle.

BARTHÉLEMI.

6. Cette voix, que dit-elle? échappée au-dehors,
S'est-elle faite entendre aux oreilles du corps?

LUCIE.

7. Oui, Ciel! à mon oreille elle fut très-distincte;
Mon cœur en fut ému, bien qu'elle fût succincte.
« Ma fille, me dit-elle, as-tu la charité?
« Sans elle nul n'échappe à l'enfer irrité. »
8. Aussitôt des méchans l'incalculable horde,
Tous armés, d'une main d'un brandon de discorde,
De l'autre de poignards, de dards, d'armes à feu,
Se riant de la mort, et s'en faisant un jeu,

Parurent sur la terre, où l'enfer dans sa rage
Couvrit bientôt son sol de sang et de carnage.
Je ne vis plus que morts et que débris fumans:
Alors, mon Dieu témoin de mes gémissemens,
De l'effroi de mon cœur, de mes cris, de mes larmes,
De sa divine loi me révélant les charmes,
Par les mains d'un apôtre, écrit en lettres d'or,
Daigna me confier ce précieux trésor.

BARTHÉLEMI.

9. Quel est-il ce trésor? recherchons-en le titre!
C'est là du divin Paul une admirable épître.

LUCIE.

10. C'est aussi de sa main que ma main l'a reçu,

BARTHÉLEMI.

11. Ce livre tout divin, comment est-il conçu?
En savez-vous le plan? en feriez-vous l'histoire?

LUCIE.

12. Hélas! non: les seuls traits qu'en garde la mémoire,
C'est qu'il est tout écrit selon la vérité;
Que là, d'un éclat vif brille la charité;
Que vous, dispensateur de nos plus saints mystères,
Devez nous expliquer ses divins caractères;
Enfin, au nom du Dieu figuré par l'agneau,
Que vous devez pour nous en détacher le sceau.

JULIE.

13. De cet écrit, d'abord, daignez dire le titre;
     A vos nièces, ensuite, indiquer le chapitre;
     Car l'apôtre saint Paul le promit à ma sœur,
     Que tel vous répondriez au désir de son cœur.

BARTHÉLEMI.

14. Répondant au désir empressé de Julie,
     A la fois je réponds à celui de Lucie.
15. C'est Paul, plantant la foi chez les premiers chrétiens :
     Le titre de l'épître est *aux Corinthiens ;*
     Il en écrivit deux, c'est ici la première.
     Le chapitre où la foi cache un trait de lumière,
     Disons mieux, mille traits touchant la charité,
     Est le chapitre treize où ce point est traité.

LUCIE.

16. Ah! de cette vertu, dévoilant les mystères,
     Montrez-nous maintenant les divins caractères;
     Cher oncle, à deux genoux nous vous en supplions :
     Notre savoir, à nous, nous nous en défions.
     Nous repoussons l'orgueil d'un Calvin fanatique,
     Et les folles erreurs d'un Luther frénétique.
     Dieu n'a pas fait chacun le juge de sa foi,
     L'ambassadeur chargé d'interpréter sa loi;
     Il n'a pas dit à tous : Allez! d'une voix sûre
     Prêchez mon évangile à toute créature!

Mais aux Apôtres seuls, mais à leurs successeurs,
Aux disciples choisis pour dire ses grandeurs ;
A tout prêtre, en un mot, au chaînon des apôtres
Etroitement liés, qu'en remplaceront d'autres ;
Et cela jusqu'au jour des révélations,
Pour sauver notre foi de ses illusions.

17. Là quelqu'un de l'erreur craindrait-il la surprise ?
C'est à tort, quand le prêtre approuvé de l'église,
Prend l'église elle-même, élevé sous sa loi,
Pour sa boussole à lui, pour règle de sa foi.
Et s'il s'en écartait, s'il en brisait le frein,
Elle l'aurait bientôt retranché de son sein.

18. Telle donc notre foi, vous de Jésus le prêtre,
Daignez, si nous errons, nous le faire connaître !
Mais si la foi des saints est aussi notre foi,
Daignez, au nom de Dieu, nous expliquer sa loi,
Sa loi de charité que voilent des mystères ,
Déroulant à nos yeux ses divins caractères.

BARTHÉLEMI.

19. Combien, ô chers enfans ! j'admire votre ardeur !
Votre foi jusqu'ici, non, n'est point une erreur.
La foi qui cherche Dieu, s'attache à son église,
Sur le dogme et la loi lui reste en tout soumise,
Ne peut jamais errer ; là, dans la vérité,
Sous l'empire des Cieux, règne la charité.

JULIE.

20. Paul aux Corinthiens parle-t-il, en ce lieu,
De l'amour du prochain, ou de celui de Dieu ?

BARTHÉLEMI.

21. En ce lieu le grand Paul, cet admirable apôtre,
Touchant la charité, rappelle l'une et l'autre;
Mais il s'étend surtout sur l'amour du prochain,
Amour tel le premier, un amour surhumain.

LUCIE.

22. C'est de la charité qui regarde nos frères
Que d'abord il faudrait savoir les caractères;
Quand c'est là, dit Jésus, le signe des chrétiens,
Par où l'on connaîtra que nous sommes des siens.

BARTHÉLEMI.

23. Chers enfans, laissez-moi, que je rentre en moi-même;
Le bonheur que j'éprouve en ce jour est extrême!
Laissez-moi le goûter, bénissant le Seigneur,
Et rendre en traits de feu sa part au Dieu Sauveur;
Car de lui seul vous vient cette abondante grâce,
Qui vous fait des élus apercevoir la trace.

24. Avant que de répondre à vos désirs pieux,
Je dois encor pour vous intercéder les Cieux,
Implorer le secours de l'auguste Marie.

25. Rassemble nos parens, toi, sa fille chérie (1)!

26. Tous rendus sous le toit où jadis nos aïeux,
Bien long-temps avant nous, s'entretinrent des Cieux,
Là, vers vous je viendrai remplir mon ministère,
Que le Ciel va bénir, ainsi que je l'espère;
Parlant au nom des Cieux, du Dieu de vérité,
Là, je vous instruirai touchant la charité.

(1) Lucie, qui a choisi Marie pour sa mère.

QUATRIÈME ENTRETIEN.

RÉUNION DE FAMILLE.

Le père et la mère; les deux enfans, Lucie et Julie; les deux sœurs
du père et de l'abbé, Angélique et Amédée; enfin l'abbé lui-
même, dont le nom est Barthélemi; tous réunis en famille.

BARTHÉLEMI commence ainsi:

1. Lorsque s'étend partout le fléau de la guerre,
   Que partout l'on n'entend que le bruit du tonnerre,
   Que cris de désespoir, qu'affreux rugissemens,
   Que partout on ne voit qu'affreux déchiremens,
   Qu'il est beau, qu'il est doux de voir encor des frères
   L'un pour l'autre former les vœux les plus sincères;
   Ensemble réunis le frère et le germain,
   Se bénir, s'entr'aimer d'un amour plus qu'humain!
2. Soyez loué, Seigneur! et vous, tendre Marie,
   De ce que le démon, dans toute sa furie,
   N'a pas pu désunir des cœurs faits pour s'aimer;
   De ce qu'en sa fureur il n'a point pu semer
   Son infernal venin au sein de ma famille!
3. Tous n'ont qu'un même cœur, et la mère et la fille,
   La tante, le neveu, le père et les enfans;
   Ces enfans dont la foi charme les jeunes ans,
   Qui de la charité, tels qu'en soient les mystères,
   Veulent savoir de moi les divins caractères;

Non par le vain désir de meubler leur esprit
De termes plus soignés, pris d'un pompeux écrit;
Mais bien de pratiquer cette vertu royale,
La reine des vertus, la vertu sans égale.

LE PÈRE.

4. Cher frère, au temple saint, vous leur avez promis,
A ces chères enfans, qu'au sein de vos amis,
Vous les leur montreriez, ces divins caractères,
Que couvre un sceau divin, que voilent des mystères.

LA MÈRE.

5. Oui, descendu de chaire, au pied du saint autel,
Prêtre du Dieu vivant, et d'un ton solennel,
Témoin sa jeune sœur, dont le nom est Julie,
Vous daignâtes alors le promettre à Lucie;
Que nous parlant au nom du Dieu de vérité,
Vous nous instruiriez tous touchant la charité,
Lorsque tous réunis en un lieu solitaire,
Vous vous seriez instruit de notre vœu sincère.

ANGÉLIQUE.

6. Je ne vois point ici notre oncle Saturnin,
Le grand-oncle aux enfans, vieillard sur son déclin.

AMÉDÉE.

7. J'y voudrais voir encore, ô ma chère Angélique!
Nos tantes, Claire Roux, Louise et Véronique.

LA MÈRE.

8. Faisons-les prévenir, c'est juste; à nos anciens
   Il faut porter honneur, c'est la loi des chrétiens.
   Va leur dire à chacun, toi, ma chère Lucie,
   Que, désirant puiser aux sources de la vie
   L'eau vive qui jaillit jusqu'en l'éternité,
   Ensemble y recueillir l'or de la charité,
   Plus seront resserrés nos liens de famille,
   Plus paraîtront unis la mère avec la fille,
   Le frère avec la sœur, l'oncle avec ses neveux,
   Et plus nous serons sûrs, consumés de ses feux,
   D'obtenir du Seigneur le secours de ses grâces.
9. Tels firent nos aïeux, marchons donc sur leurs traces.
   Va, Lucie, aussitôt, va donc les prévenir,
   Pour que chacun à nous daigne se réunir.

BARTHÉLEMI.
(Le grand-oncle et les grand'-tantes étant entrés.)

10. Plus, sous mes yeux ravis, s'accroît mon auditoire,
    Plus de la charité j'admire la victoire,
    Ses charmes, ses attraits, ses fruits délicieux;
    Plus je vois s'incliner vers la terre les cieux.

L'ONCLE SATURNIN.
(Vieillard de quatre-vingts ans.)

11. Quand sous le poids des ans je sens que je succombe,
    Que je vois sous mes pieds que s'entr'ouvre ma tombe,

Ciel! qu'il est doux pour moi d'entendre dans ce lieu,
Quelqu'un qui l'ose encor me parler de mon Dieu!

12. Quand s'allumait partout le fléau de la guerre,
Je craignis que le Ciel n'eût délaissé la terre;
Je craignis que mon Dieu, contre l'homme irrité,
Ne trouvant plus en lui ni foi ni charité,
N'eût fermé pour toujours ses trésors de clémence,
Pour ne plus entr'ouvrir que ceux de sa vengeance.

13. Le Ciel partout armé de ses foudres vengeurs,
Partout je croyais voir les signes précurseurs
Qui doivent présager la ruine du monde.

14. L'univers est en feu sur la terre et sur l'onde,
Et la foi n'offre plus que de pâles lueurs,
Lorsque la charité dans le sein de plusieurs,
Sous les coups de l'enfer voit s'éteindre sa flamme.

15. Le Dieu qui sut mourir pour le rachat de l'ame,
L'avait ainsi prédit, que vers les derniers jours,
Le siècle sur le point de terminer son cours,
Par des signes pareils, sa vengeance divine
Viendrait au monde entier annoncer sa ruine.

TANTE CLAIRE.

16. Touchant la fin des temps, dans ses instructions,
Le Sauveur dit encor, parlant des nations,
Qu'en ces jours l'on verrait les peuples en délire,
Se haïr, s'entre-battre, entr'eux s'entre-détruire:
Qu'on verrait le royaume, en tous points circonscrit,
Par la main du plus fort incendié, détruit;
Quand vainqueur du vainqueur, un autre plus barbare,
Pousserait en entier ce dernier au tartare.

Enfin, que l'on verrait périr les nations
Des mains de leurs sujets transformés en lions.

TANTE LOUISE.

17. Que par le fer, le feu, la peste et la famine,
Partout éclaterait la vengeance divine;
Qu'on verrait dans le ciel divers signes affreux,
Le soleil se couvrir d'un voile ténébreux,
La lune ensanglantée, et sous de sombres voiles,
Sur la terre tomber sans éclat les étoiles;
Qu'en ces jours on verrait, ainsi qu'il est écrit,
Sous des dehors trompeurs paraître l'antechrist,
A ce point que, séduits par sa voix mensongère,
Les élus pourront-ils à peine s'y soustraire.
Et si dans sa bonté, l'arbître de nos jours
De ces temps malheureux n'eût abrégé le cours,
Les élus, est-il dit, conquête des apôtres,
De même eussent péri, tout ainsi que les autres.

TANTE VÉRONIQUE.

18. Il faut bien l'avouer, dans ces jours malheureux
Sont déjà vu plusieurs de ces signes affreux;
Partout et précédés de la foudre éclatante,
Ils se font remarquer à notre ame tremblante.
Mais tous ne sont pas là, le monde existe encor;
En entier il n'est pas épuisé le trésor
Des justices du Ciel, des vengeances divines;
Parmi tous ces débris de fumantes ruines,
Il se découvre encor des vases précieux,
Des cœurs humbles et purs qui fléchissent les Cieux,

Des cœurs purs dont la foi vive, pure et sincère,
Touche le cœur de Dieu, désarme sa colère.
Mais, que fais-je? laissons sur ce point important,
Laissons parler l'abbé, lorsque chacun l'attend.

BARTHÉLEMI.

19. Sur le cadran deux fois déjà j'ai compté l'heure,
Depuis que dans son sein, ma première demeure,
Classé parmi les miens, a daigné m'accueillir.
Un malade m'attend, en danger de mourir;
Je dois aller vers lui, lorsque mon ministère
Pour lui dans ce moment devient si nécessaire.
Mais demain, à telle heure, et dans ce même lieu,
Venons tous à l'envi nous occuper de Dieu.

CINQUIÈME ENTRETIEN.

Toute la famille étant réunie à l'heure indiquée,

BARTHÉLEMI commence ainsi:

1. Famille qui m'est chère, ici je t'en supplie,
Pardonne si tu crois qu'envers toi je m'oublie!
Quand aux élus de Dieu je dois tous mes momens,
Je ne dois plus en perdre en vains raisonnemens:
J'aborde, au nom des Cieux, brusquement le mystère,
Que l'apôtre saint Paul, avec tant de lumière,

Dans sa première épître aux fiers Corinthiens
Présentait autrefois aux Juifs comme aux chrétiens.

2. La charité, dit-il, est calme, est *patiente* (1);
Elle est humble de cœur, et douce et *bienfaisante* (2).
De l'infernale *envie* éteignant tous les feux,
Elle ne garde point de sentimens *haineux* (3).

3. Soumise au Dieu très-haut, attendant sa lumière,
Elle ne forme point de projet téméraire,
Et dans son action rien n'est *précipité* (4).

4. *L'enflure* des mondains, leur folle vanité (5),
Ne sauraient l'entraîner dans leur tourbe fangeuse.

5. Elle n'a point d'orgueil, n'est point *ambitieuse* (6).

6. De *son propre intérêt* ne s'occupant jamais (7),
On ne la verra point, aux dépens de la paix,
Défendre un vil trésor; pour de l'or, contre un frère
Se piquer ou s'aigrir, s'enflammer de *colère* (8);

7. Elle n'a garde encor de *soupçonner le mal* (9),
Avec témérité de juger son égal.

8. Le vice et ses horreurs, le crime et l'injustice,
Plus leurs affreux excès entraînent de malice,
Plus la charité pure en *ressent de douleur* (10).
Elle hait le péché, sans haïr le pécheur :
Mais d'autant elle hait l'injustice et le crime,
De son zèle, en ce point, dût-elle être victime,
D'autant dans sa candeur avec sincérité
Elle chérit le bien, aime la vérité (11)!

---

(1) *Patiens est.* I. Cor., 13. (2) *Benigna est.* (3) *Non æmu-
latur.* (4) *Non agit perperam.* (5) *Non inflatur.* (6) *Non est
ambitiosa.* (7) *Non quærit quæ sua sunt.* (8) *Non irritatur.*
(9) *Non cogitat malum.* (10) *Non gaudet super iniquitatem.*
(11) *Congaudet autem veritati.*

9. Qu'ils sont purs ses sentiers! qu'elle est belle sa voie!
   Le bien, le vrai, le saint, seuls la comblent de joie;
   La céleste vertu seule étant de son goût,
   Pour ses charmes vainqueurs *elle souffrira tout* (1),
   Soit du côté de Dieu, soit de la part des hommes.

10. Pour nous, lâches chrétiens, insensés que nous sommes,
   Que faut-il pour nous vaincre? hélas! souvent un rien,
   Un mot, un mal léger, le cri du tien, du mien;
   Ce cri qui si souvent, pour une seule obole,
   A l'égal du tonnerre enflamma la parole,
   Fit descendre la foudre en sulfureux éclats,
   Et périr les humains dans de sanglans combats;
   Quand la charité pure, opérant dans la grâce,
   Des pas du Dieu sauveur nous indiquant la trace,
   Dispose le chrétien à tout souffrir pour lui,
   Même à plutôt mourir que d'offenser autrui.

11. Enfin, la charité *croit tout* d'une foi ferme (2),
   Le symbole en entier, tous les points qu'il renferme.
   L'innocence perdue et la rédemption;
   L'amour d'un Dieu pour nous dans l'incarnation;
   L'écriture sacrée, à notre foi soumise,
   Chaque point dans le sens que l'explique l'Eglise;
   Et l'Eglise elle-même, en son autorité
   Infaillible, expliquant le point de vérité.

12. La charité craint Dieu, l'objet de sa croyance,
   Mais elle *espère tout* de sa douce clémence (3);
   Les grâces du salut, tous les dons, tous les biens
   Que peuvent ici-bas espérer des chrétiens;
   Enfin, après sa mort l'immortelle patrie.

13. En butte au mécréant, en proie à sa furie,

____

(1) *Omnia suffert.* (2) *Omnia credit.* (3)*Omnia sperat.*

Elle *supporte tout*, soit pour complaire aux cieux (1),
Soit pour croître en vertus, tant que dans ces bas lieux
De son éternité faisant l'apprentissage,
Elle devra du ciel cultiver l'héritage.
14. Tel de la charité le céleste miroir;
Pour devenir meilleurs, venons tous nous y voir.
15. Tant qu'au rosaire saint l'on compte de mystères,
Autant la charité compte de caractères;
La foi fait en compter quinze de chaque part.
16. Qui donc veut des élus illustrer l'étendard,
Avec eux s'assurer une vie éternelle,
Que devant ce miroir, dont la flamme est si belle,
À l'exemple des saints qui ceignent le laurier,
Il vienne chaque jour, intrépide guerrier,
Les former en son cœur, ces divins caractères,
Soulevant par degrés le voile des mystères!
17. Car qui de se sauver soutient qu'il est jaloux,
Au centre de son cœur il doit les former tous;
Un seul qui manquerait, nécessaire parure,
Du royaume des cieux, seul le ferait exclure;
Quand l'absence d'un seul fait qu'on n'est plus chrétien;
Telle que fut sa foi, dit Paul, l'on n'est plus rien.

LUCIE.

18. Au nom du Dieu Sauveur, de son auguste Mère,
Par le détail succinct de chaque caractère,
Cher oncle, maintenant daignez nous expliquer
Ce que, sur chacun d'eux, vous venez d'indiquer.

(1) *Omnia sustinet.*

BARTHÉLEMI.

19. S'il faut suivre toujours un ordre en toutes choses,
   Connaître les effets pour remonter aux causes;
   Je dois encore ici, cherchant la vérité,
   Dire de nouveaux traits touchant la charité;
   Soulevant plus avant le voile des mystères,
   D'elle encore indiquer de nouveaux caractères.
20. Paul les a présentés dans un nouvel écrit,
   Sous le titre pompeux de fruits du Saint-Esprit;
   Indiquant tour à tour l'éclat de l'innocence,
   Ses combats, ses succès, ses croix, sa récompense.
21. Cet écrit il l'adresse aux Galates païens (1),
   Qui, sortis de l'erreur, s'illustrent en chrétiens;
   Lorsque nous malheureux, nés du christianisme,
   Revenons à grands pas au sein du paganisme.

LUCIE.

22. Ah! daignerez-vous donc dire ces nouveaux traits,
   Qui de la charité dévoilent les secrets;
   Et de son vaste sein tout brillant de lumière,
   Décèlent les ardeurs de son amour sincère!

BARTHÉLEMI.

23. Ces traits, ces purs rayons, dont la source est aux cieux,
   Ces dons du Saint-Esprit, ces fruits délicieux,
   Ornement du chrétien fidèle dans sa voie,
   Sont, et d'après saint Paul, la *charité*(2), la *joie*(3).

(1) *Galat.*, V. 22.   (2) *Caritas.*   (3) *Gaudium.*

La *paix* (1), la *patience* (2), y joint l'*humanité*(3).

24. C'est d'un cœur bienfaisant la touchante *bonté*(4),
   Et l'effort couronné de la *persévérance* (5).
25. C'est l'aimable *douceur*(6), la *foi*(7), la *continence*(8);
26. C'est l'humble *modestie* (9), enfin la *chasteté* (10),
   Fille de la pudeur, sœur de l'honnêteté.
27. Ces caractères saints de même que les autres,
   Eux-mêmes vont répondre au nombre des apôtres.
   Par ce nombre de douze, en faisceau réunis,
   Aux enfans de la foi, sur la terre bannis,
   Ils présentent l'aspect d'un foyer de lumière.
28. Lors, d'un éclat plus vif, quand son ame est sincère,
   Du juste qui combat, venant frapper les yeux,
   Il est plus sûr d'atteindre au royaume des cieux;
   Lorsque la charité d'une plus vive flamme,
   D'un feu toujours plus pur, vient embraser son ame.

LUCIE.

29. Cieux! c'est donc là d'Eden le nouveau réservoir,
   Ou de la charité c'est le nouveau miroir;
   Un miroir éclatant dont la lumière pure,
   De notre intérieur révèle la souillure.
   Ah! qu'heureux est celui qui, là, sait de son cœur,
   Tel le peintre attentif, effacer la noirceur,
   Pour y peindre en sa place en beaux traits de lumières,
   De l'amour pur et saint, les divins caractères!

(1) *Pax.* (2) *Patientia.* (3) *Benignitas.* (4) *Bonitas.* (5) *Longanimitas.* (6) *Mansuetudo.* (7) *Fides.* (8) *Continentia.* (9) *Modestia.* (10) *Castitas.*

BARTHÉLEMI.

30. Oui, de la charité, tel le second miroir;
    Qui veut plaire à son Dieu, souvent vient pour s'y voir.
31. Tel le fait chaque jour en secret la mondaine,
    Pour plaire à l'insensé qu'elle prend sous sa chaîne,
    Tel fera le chrétien au rapport du salut,
    Qui de plaire à son Dieu fait son unique but.
32. Dans ce miroir fidèle il découvre la tache,
    La tache de son cœur, qu'il poursuit sans relâche,
    Que constamment sa main s'efforce d'enlever.
33. Tandis que l'orgueilleux ne tend qu'à s'élever,
    Qu'il voit d'un œil jaloux la fortune des autres;
    Que foulant à ses pieds la leçon des apôtres,
    Il veut que l'univers n'existe que pour lui;
    On lit dans ce miroir, qu'un chrétien pour autrui
    Doit tout sacrifier, tout et jusqu'à lui-même.
34. Tel pense le chrétien, et c'est ainsi qu'il aime.

LUCIE.

35. Si donc c'est maintenant, cher oncle, et sous nos yeux,
    Que rompant tous les sceaux, parlant au nom des Cieux,
    Vous allez nous ouvrir le trésor des mystères,
    Et de la charité dire les caractères;
    Daignez donc nous donner, en un style concis,
    Sur chacun les détails, par vous déjà promis!
36. Et j'ose, en ce moment en toute confiance,
    Les réclamer d'abord, touchant la patience.

BARTHÉLEMI.

37. Le soleil nous délaisse, et moi je dois partir;
    Quand donc auprès de vous pourrai-je revenir?
    On m'attend vers le nord; un nombreux auditoire
    Là, veut qu'en sa faveur, j'exerce ma mémoire,
    Et lui prêche la foi durant tout un Avent.
38. Adieu, chère famille, adieu, puisqu'on m'attend.

LUCIE (ayant les larmes aux yeux).

39. Quand aux extrémités de la terre ou du pôle,
    Vous aurez annoncé la céleste parole,
    Reviendrez-vous vers nous, nous donner notre tour?
    Est-il loin ce moment? quand viendra-t-il ce jour?

BARTHÉLEMI.

40. Lorsqu'encore cent fois l'astre de la lumière
    Aura sur l'horizon parcouru sa carrière,
    Vers vous je reviendrai, pour de la charité
    Dérouler à vos yeux le point de vérité
    Que renferment, voilé sous le sceau des mystères,
    Dans chaque trait divin, ses sacrés caractères.
41. Adieu donc, chers parens! adieu! priez pour moi!
    Que le Ciel daigne un jour couronner votre foi!

L'ONCLE SATURNIN.

42. Ah! pourquoi nous quitter dans ces jours de délire?
    On va peut-être, hélas! vous conduire au martyre!

BARTHÉLEMI.

41. Je serais trop heureux que Jésus mon Sauveur
    A ses yeux me jugeât digne d'un tel bonheur !
    Mais soyez rassuré; je me sens trop indigne
    Pour oser l'espérer cette faveur insigne.
42. Adieu donc, chers parens! adieu famille! adieu!

FIN DU PREMIER LIVRE.

LES CARACTÈRES
DE LA CHARITÉ.

LIVRE SECOND,

PREMIER ENTRETIEN.

Barthélemi est de retour avec le printemps.—La famille s'est réunie en un lieu champêtre.—Une tente a été dressée avec art sur le haut d'une colline, en face d'un ormeau, dont les branches touffues, ornées de la plus riante verdure, donnent un ombrage frais ; à son écorce est attaché un Christ, d'une beauté rare, qui domine un tableau dessiné par la main d'un peintre habile, représentant la Reine des cieux, qui foule à ses pieds le dragon. — A la droite et à la gauche du Christ et du tableau sont placés les caractères de la charité, formant comme deux miroirs célestes, dont l'un, ayant la forme ovale, porte tracés tout autour et avec ordre les quinze premiers caractères ; et l'autre, de forme quadrangulaire, les douze derniers.—Sous la tente, formant un demi-cercle, est un banc de gazon conçu dans le même dessin, et surmonté par une espèce d'estrade aussi couverte de gazon, que couronnent des vases de fleurs de toute espèce. — Au bas du coteau sur le haut duquel a été dressée la tente, après que la vue s'est délassée sur la délicieuse perspective d'une prairie verdoyante toute émaillée de fleurs, et sur celle de différens bosquets placés à droite et à gauche, où des troupes nombreuses de rossignols, de fauvettes et de mainte autre espèce d'oiseaux font entendre leurs chants mélodieux, se présente la rivière de l'Isère, qui, calme et tranquille en ce beau jour, promène ses eaux paisibles avec un doux murmure.—C'est là que tous réunis, après les complimens d'usage et des larmes de joie versées de part et d'autre,

LUCIE commence ainsi :

1. Soyez béni, Seigneur ! et vous, tendre Marie !
   De ce que Lucifer, dans sa noire furie,

N'a point pu réussir, malgré tout son effort,
A faire succomber sous les coups de la mort
Celui qui jour et nuit, d'un zèle infatigable,
Ne cesse de braver son pouvoir redoutable ;
Qui va pour l'attaquer, intrépide agresseur,
Jusqu'aux confins du monde, au nom du Dieu Sauveur ;
Et qui de là revient au sein de sa famille,
Pour à leur tour instruire et la mère et la fille,
Et le frère et la sœur, et l'oncle et le neveu,
Désireux de les voir brûler du même feu.

2. Arrive donc pour nous le moment de la grâce !
Où le Ciel doit enfin nous découvrir la trace,
Le chemin, le sentier par où marche un élu ;
Chacun de l'imiter fermement résolu.

3. Prêtre du Dieu vivant ! orateur de vos frères !
Vous, le dispensateur de ses divins mystères !
Daignez donc aujourd'hui, nous vous en supplions,
Nous arracher enfin à nos illusions ;
A cette erreur funeste, où ce monde perfide,
Touchant la charité, jette une ame sans guide !
Vous nous l'avez promis d'en dévoiler les traits,
Et sur chacun d'entr'eux d'en dire les secrets ;
Ces secrets que la foi couvre d'un sombre voile,
Comme la nue aux cieux tient voilée une étoile.

BARTHÉLEMI.

4. Je bénis à mon tour les bontés du Seigneur,
Qui daigne ainsi répondre aux désirs de mon cœur ;
Qui dans tous ces combats, couvert de son égide,
M'arrache à la fureur du démon homicide ;

Qui sur moi tant de fois vint briser ses liens,
Pour, libre, sain et sauf me rendre au sein des miens.
Avec quel zèle encor je dois bénir Marie!
Par quels soins attentifs cette Mère chérie
Contre les noirs enfers, et dans tous leurs combats,
De Jésus en tous lieux protége les soldats!
Puis-je encore oublier, à son tour, mon bon ange,
Qui vient dans la mêlée, à mes côtés se range,
Pour avec moi lutter contre le noir enfer,
Ensemble avec Michel combattre Lucifer?
Mais, que vois-je? l'Isère: assis près de sa rive,
Reprenons donc les traits de la charité vive....
Pour que rien dans leur ordre il ne soit dérogé,
Que par vous sur chacun je sois interrogé!

LUCIE.

5. Le premier de ces traits serait la patience:
   Cher oncle, donc par-là, faut-il que je commence?

BARTHÉLEMI.

6. Tel le premier rayon qui de la charité
   A nos yeux attentifs révèle la beauté,
   L'héroïsme d'un cœur armé de patience,
   Devant qui la bravoure et toute la vaillance
   D'un guerrier courageux qui combat en héros,
   Eût-il à raconter les plus brillans assauts,
   Ne sont que jeu d'enfant, qu'une vaine fumée (1).
7. D'ambition, d'orgueil, en secret consumée,

(1) A moins qu'il ne soit question de ces héros que l'on vit autrefois s'illustrer pour les intérêts de Dieu; ou de ceux encore qui com-

3

L'ame de celui-ci ne rêve que combats ;
Engoué de ce monde, épris de ses appâts,
Il en est le captif, par la raison qu'il l'aime :
Au lieu que le premier est vainqueur de lui-même,
Comme il l'est de l'enfer et de ce monde vain,
De qui, loin d'être esclave, il est le souverain ;
A tel point que debout sur les choses présentes,
Foulant du noir enfer les pompes séduisantes,
Enchaînant en captif l'univers à son char,
L'éternel avenir seul fixe son regard.

8. Voulons-nous donc savoir, où de ce caractère,
A nos yeux obscurcis, se voile le mystère ?
Le voici : quand Jésus expire sur la croix,
Que la mort sur la vie, et par son libre choix,
Sur son cœur magnanime obtient la préférence,
Il révèle à nos yeux cette belle science.
Il meurt, et par sa mort, expirant en héros,
Il rend la vie à tous jusques à ses bourreaux.
C'est nous dire par-là, que dans la patience
Est caché le trésor de sa douce clémence,
Trésor formé par elle et par elle conquis.
C'est nous dire par-là, que ce n'est qu'à ce prix
Que le soldat chrétien qui combat avec zèle,
L'obtiendra ce trésor, s'il lui reste fidèle.
Par-là, vainqueur du monde et de sa vanité,
L'homme ferme en sa foi, conquiert sa liberté ;
Lorsque l'homme fougeux, se créant des entraves,
Va lui-même augmenter le nombre des esclaves.

---

battent pour le prince, ou pour leur patrie si le pays n'est pas monarchique, sans perdre de vue la foi. *Prov.*, XVI, 32.

(35)

Entraîné, poursuivi par son malheureux sort (1),
Il n'a fait que prêter son courage à la mort,
Et son bras aux décrets des vengeances divines,
Pour couvrir son pays de morts et de ruines.

9. Gloire donc au premier, au patient vainqueur,
Qui, vainqueur de lui-même est maître de son cœur!
Que son sort est heureux! qu'il est digne d'envie!
Il voit sa liberté, l'ordre, la paix, la vie,
Ensemble dans son cœur, naître, germer, fleurir,
Y produire leurs fruits, que le temps va mûrir:
Lorsque chez l'orgueilleux, qu'emporte la colère,
L'aveugle passion qui veut se satisfaire,
L'enchaîne autant de fois qu'elle change d'objet,
Qu'un aveugle caprice en change le sujet.
Provoquant sur son cœur la vengeance divine,
Nul germe de vertu n'y peut prendre racine;
C'est l'horreur des déserts, c'est celle des tombeaux,
C'est l'enfer, c'est la mort, c'est enfin tous les maux.

10. Le premier, je l'ai dit, armé de patience,
Verra sa terre en fleurs promettre l'abondance,
Tout croître autour de lui, tout mûrir en son temps,
Les trésors de l'été, les primeurs du printemps,
Tout enfin à sa foi promettre un jour prospère:
Quand l'homme impatient, qu'enflamme la colère,
Qui ne sait d'autre loi que celle du plus fort,
Obtiendra pour tout fruit les horreurs de la mort.

(1) Le sort qu'il a voulu, qu'il a bien sciemment, bien volontaire-
ment choisi, ainsi que l'enseigne l'Esprit-Saint au livre *de la Sagesse,* où il est dit : « Les méchans ont appelé la mort à eux par
« leurs œuvres et par leurs paroles, et, la croyant amie, ils en ont
« été consumés; ils ont fait alliance avec elle, parce qu'ils étaient
« dignes d'une telle société. *Sap.* I. 16.

3.

11. Voyez autour de lui cette plage sanglante,
Ces ruines, ces feux, leur flamme encore ardente,
Ces corps morts entassés, et ces débris fumans....

12. La colère livrée à ses emportemens,
Là, pourrait les instruire en sanglans caractères,
Ceux qui, manquant de foi, méprisent nos mystères,
Si dans leur cœur flétri, du bon sens le rayon,
N'eût éprouvé le sort de la religion;
Si d'un jugement sain la dernière étincelle !
Dans ce cœur malheureux n'eût péri tout comme elle.

13. Faisant la guerre au Ciel, ce mortel insensé,
Tel le chef des démons, dans son cœur a pensé
Qu'il n'exista jamais pour l'homme d'autre gloire,
Que celle qu'on moissonne au champ de la victoire,
Qui naît sous le poignard, que guide un bras puissant,
Sur le sol inondé d'un déluge de sang.

14. C'est alors qu'il a dit, levant sa tête altière,
De sa main criminelle encensant la colère :
« Pour que partout mon nom inspire la terreur,
« Je ferai des humains l'objet de ma fureur.
« Que l'univers soumis du couchant à l'aurore,
« Périsse sous mes coups, où tremblant, qu'il m'adore ! »

15. Tel parla Lucifer, égaré par l'orgueil;
Tel, à son tour, donnant contre le même écueil,
Tel parle le mortel que sa misère immense
Eût dû plutôt, hélas! condamner au silence;
Que dis-je? en criminel, humilié, confus,
L'amener tout tremblant aux pieds de son Jésus,
Pour puiser dans son cœur, la paix avec la vie,
Ses dons, sa charité, seuls biens dignes d'envie.

LE PÈRE.

16. Cher frère, et n'est-il pas, touchant ce vice affreux,
Des travers, des excès, plus ou moins désastreux?

BARTHÉLEMI.

17. Sans doute qu'il en est : la simple impatience,
Qui n'aurait pas pour but d'exercer la vengeance,
Quoique toujours pour l'ame un bien funeste écueil;
Qui ne veut pas se faire un dieu de son orgueil,
Qui ne veut pas des Cieux, méprisant la loi sainte,
Se faire, tel Satan, adorer par la crainte:
Ce trait, ce feu léger d'une éphémère ardeur,
Qui dans l'occasion vient émouvoir le cœur,
N'est point à comparer, par sa flamme légère,
Aux volcans désastreux qu'enfante la colère.
Mais c'est toujours un mal aux yeux de notre foi,
Un mal pour le prochain, un mal encor pour soi.
19. Si la colère tue, et, poussée à l'extrême,
S'il naît d'elle des maux pour autrui, pour soi-même,
Qui retracent souvent l'image de l'enfer,
L'impatience aussi produit un fruit amer:
20. Si le mal qu'elle fait du tranchant de sa lame,
N'est pas toujours la mort pour le corps ou pour l'âme,
Elle blesse du moins; et son coup répété
Souvent sera mortel chez un homme entêté,
Dans un être orgueilleux, qui veut, faisant l'apôtre,
Que son avis toujours l'emporte sur un autre :
Car l'homme pèche alors contre l'humilité,
De même qu'il le fait contre la charité.

LA MÈRE.

21. La patience en butte aux traits de la colère,
Pour le salut alors est donc bien nécessaire?

BARTHÉLEMI.

22. Sans doute qu'elle l'est, la foi m'en rend certain
Qu'au rapport du salut l'homme y travaille en vain,
Si son cœur résigné n'embrasse la souffrance,
Et ne porte sa croix avec persévérance.
23. Son nom en est la preuve, il lui vient de pâtir,
D'où ce cri du chrétien : *ou souffrir, ou mourir.*
24. Rempli de charité, tout brûlant de sa flamme,
C'est donc ainsi toujours qu'on possède son ame
Dans l'humble patience, ainsi qu'il est écrit,
Tel qu'en termes formels l'enseigne Jésus-Christ.
Et qui vient à la perdre, eût-il fait des miracles,
Ressuscité les morts, fait taire les oracles,
Perd ensemble avec elle et la gloire des cieux,
Et la paix qu'elle fait qu'on goûte en ces bas lieux.
25. Quand le Sauveur a dit, dans son saint évangile :
« Quiconque, renonçant à ce monde fragile,
« Veut être mon disciple et de son libre choix,
« Chaque jour de sa vie il doit porter sa croix;
« Il doit se renoncer, et, marchant sur mes traces,
« Me suivre constamment, à l'aide de mes grâces; »
Quand, dis-je, le Sauveur d'un ton si solennel
Donne à tous les chrétiens un ordre si formel,
C'est assez le prouver que sans la patience
En vain l'on attendrait du Ciel la récompense.

L'ONCLE SATURNIN.

26. On le peut voir encor dans l'histoire de Job,
Dans celle d'Abraham, de Tobie et Jacob,
Héros dont les vertus embaument tous les âges,
Ce qu'a coûté le ciel en tout temps aux vrais sages,
A quel prix, à quel taux tous dûrent l'acheter.

BARTHÉLEMI.

27. Là se voit que jamais l'on ne doit s'arrêter
Dans le chemin du ciel, tout hérissé d'épines;
Que le chrétien, aidé de ses grâces divines,
Doit suivre, résigné sous le faix de sa croix,
Son divin rédempteur, Jésus, le roi des rois,
Avec lui constamment la porter sans se plaindre;
Qu'il n'est pas d'autre mal que l'homme doive craindre
Que celui du péché, germe de Lucifer,
Quand le péché lui seul rend digne de l'enfer.
28. Ah! n'est-ce point de là, près de perdre la vie
Qu'on entend s'écrier le saint homme Tobie,
Avec larmes donnant en des termes précis,
Pour en faire un élu, ses conseils à son fils;
Qu'on l'entend s'écrier d'une voix douce et tendre:
« Ah! garde-toi, mon fils, de te laisser surprendre!
« Ton cœur mû par les sens, de plaisirs alléché,
« Garde-toi de jamais consentir au péché (1)!
Sur ton consentement, en face ou par surprise,
Qu'en aucun cas jamais il n'ait aucune prise!

(1) *Tobie*, IV, 6.

Plutôt, qu'un tel malheur, mieux il vaut tout souffrir,
Peines, chagrins, tourmens, et s'il le faut, mourir.

29. Telle encore à son fils parle une reine Blanche;
Car l'Esprit-Saint opère, il brûle, il coupe, il tranche,
Partout où son amour a l'empire du cœur.

30. Pour une tendre mère il n'est pas de douleur
Pareille à celle-ci, de perdre un fils unique;
Cependant, admirez ce courage héroïque!
« Ah! plutôt, répond-elle, et d'un ton solennel,
« Que de vous voir commettre un seul péché mortel,
« Vous armer contre Dieu, lui déclarer la guerre,
« J'aimerais mieux, mon fils, vous voir porter en terre. »

L'ONCLE SATURNIN.

31. Pour qui veut se sauver, rien n'est plus instructif:
Mais encor, cher neveu, dites-nous quel motif
Des patriarches saints, héros de patience,
Enflammait les vertus, soutenait la constance!

BARTHÉLEMI.

32. Ce motif tout-puissant, c'est Dieu, c'est Jésus-Christ.
33. C'est Dieu, source des dons, ainsi qu'il est écrit.
34. C'est Jésus-Christ son fils, par sa mort douloureuse
Rachetant de l'enfer notre ame malheureuse,
Que le péché d'Adam, héritiers de son sort,
Et nos propres péchés jetèrent dans la mort.

35. C'est le Dieu créateur; c'est sa toute-puissance;
Ce sont, et sous nos yeux, ses lois de providence,
De ce vaste univers dirigeant l'action....

36. Rien n'arrive ici-bas sans sa permission.

Lui seul il a compté les cheveux de ma tête ;
Nul ne peut sans son ordre, ou sans qu'il le permette,
M'en enlever un seul, quel que soit son pouvoir.

37. Il est seul notre Dieu, le croire est un devoir.
Seul infiniment bon, dans sa bonté suprême,
Il fait tout concourir en faveur de qui l'aime ;
Les biens comme les maux, la joie et la douleur,
L'or et la pauvreté, les mépris, la faveur,
Les persécutions, les fureurs de l'envie,
Enfin le feu, les fers, et la mort, et la vie.

38. Les patriarches saints, mûs par le Saint-Esprit,
Avant qu'il ne fût né, crurent en Jésus-Christ ;
Ils connurent alors l'excès de sa clémence ;
Comme il devait un jour épouser la souffrance,
Pour nous s'anéantir, mourir sur une croix.

39. Avant son évangile ils en surent les lois,
Ses lois de charité, d'amour, de patience ;
Ce qu'il doit en coûter pour naître à l'innocence.
Ils virent par la foi l'orgueilleux Lucifer,
Puni pour son orgueil d'un éternel enfer ;
La laideur du péché, son horrible souillure,
Et l'outrage qu'il fait au Dieu de la nature.

40. N'en est-ce point assez pour remplir de terreur,
S'il veut y réfléchir, l'audacieux pécheur,
Quand de même sur lui l'éternelle vengeance
Devra punir un jour sa stupide arrogance ?

41. Tels donc de ces grands saints, tels furent les motifs,
Qui, sur leur sort futur, si sagement craintifs,
Leur firent accepter, embrasser la souffrance,
Prendre et porter leur croix en toute patience.

42. Sur le premier motif d'un Dieu qui règle tout,
    Job, qui d'abord des cieux reçut un avant-goût,
    Jeté sur la litière, en proie à la souffrance,
    De ce Dieu trois fois saint adore la puissance.
    Dévoré par les vers, sur la terre étendu,
    On l'entend s'écrier, lorsqu'il a tout perdu :
    « Dieu m'avait tout donné, sa main, dans sa sagesse,
    « Sa main a tout repris, gloire, santé, richesse:
    « Béni soit son saint nom sur la terre, en tous lieux (1)!

43. Dans le second, Jésus, ce puissant roi des cieux
    L'enchante ; il met en lui sa confiance entière;...
    Il dit, lorsqu'il pressent la fin de sa carrière :
    « Le Dieu qui doit mourir un jour sur une croix,
    « Je sais qu'il est vivant, fermement je le crois ;
    « Il est mon rédempteur, c'est en lui que j'espère.
    « Conservez mon espoir, vous, leviers de ma bière,
    « Cet espoir de mon cœur qui repose en mon sein!
    « Car je le vois venir, il vient le jour serein,
    « Où de mes yeux ravis, en chantant la victoire,
    « Je le verrai mon Dieu dans le sein de sa gloire;
    « Je le verrai, vous dis-je, en cette même chair
    « Qui succombe aujourd'hui sous l'aiguillon du ver (2)

44. Mais les derniers motifs, chez cette troupe sainte,
    Furent ceux de l'horreur, de l'effroi, de la crainte;
    L'extrême horreur du vice, et la crainte du feu,
    Que réserve aux pécheurs le jugement de Dieu.

(1) *Job*, I, 21.

(2) Car je sais que mon rédempteur est vivant, et que je ressusci-
terai au dernier jour ; et alors je verrai mon Dieu dans ma propre
chair... Je le contemplerai de mes propres yeux. Telle est mon espérance qui repose dans mon sein. *Job*, XIX, 25, 26, 27.

La crainte d'un enfer, où l'éternelle flamme
Durant l'éternité brûle le corps et l'âme;
Où règne avec l'horreur le désordre éternel (1).
45. Ah! Ciel! qu'est donc heureux, qu'est sage le mortel
Qui souffre sans se plaindre, héros de patience,
Pour désarmer d'un Dieu l'éternelle vengeance!
46. L'épreuve d'ici-bas ne dure qu'un moment,
Tandis que dans l'enfer c'est l'éternel tourment.

L'ONCLE SATURNIN.

47. Nous comprenons alors comment tous les prophètes
Ont fait sur les enfers jadis tant de conquêtes;
Comment on vit depuis, durant cent avenirs,
Tant d'élus, tant de saints, de généreux martyrs,
Remporter à leur tour sur eux tant de victoires.
Leurs triomphes écrits ne sont point illusoires;
A tout œil clairvoyant ils sont assez prouvés;
S'ils paraissent douteux, ce n'est qu'aux réprouvés.

BARTHÉLEMI.

48. Mais terminons ici, car l'heure nous appelle.
A demain, de reprendre une preuve nouvelle;
Plutôt un nouveau trait touchant la charité,
Reine à la fois du temps et de l'éternité.

(1) *Job*, X, 22.

DEUXIÈME ENTRETIEN.

Tous, le lendemain, se trouvent réunis au même lieu, à l'heure indiquée. — Pendant la nuit une deuxième tente, sur la formè de la
première, a été dressée au côté opposé. — C'est quelque chose de
vraiment pittoresque, et qui rapelle la marche des Israélites et
leurs campemens dans le désert, que de voir cet arbre majestueux élever fièrement ses rameaux verdoyans et touffus au milieu de ces deux tentes. — Quelle est la destination de cette
seconde tente? La suite va nous l'apprendre. — Tous étant donc
réunis, et chacun ayant pris place,

BARTHÉLEMI commence ainsi :

1. Déjà les livres saints, touchant la patience,
   Ont de cette vertu révélé l'importance.
   C'est la clef de la voûte, ou du miroir divin;
   C'est l'anneau qui le fixe au mur du temple saint.
   Pouvais-je donc alors, pour qu'elle soit connue,
   Au premier entretien donner trop d'étendue ?
   Touchant les autres traits, chacun prenant son tour,
   J'aurai moins à répondre et je serai plus court.
   Que quelqu'un d'entre vous, désireux de s'instruire,
   Sous mes yeux attentifs daigne donc les produire !

LUCIE.

2. Sur le premier miroir touchant la charité,
   Le second caractère en son endroit cité,

Est que cette vertu douce, compatissante,
Envers les malheureux fut toujours bienfaisante.

BARTHÉLEMI.

3. Oui, de la charité qui connaît les secrets,
Le comprend, que c’est là l’un de ses plus beaux traits,
Un des plus beaux fleurons de sa riche couronne,
Et l’éclat le plus doux dont sa face rayonne.

Des étrangers que Lucie a déterminés à venir prendre part à l’entretien, arrivent au travers de la forêt. — Il se fait un moment de silence, jusqu’à ce qu’ils aient pris place sous la tente qui leur a été préparée. — Ils sont au nombre de douze, parmi lesquels se trouve un mécréant, nommé Gaspard, espèce de docteur, que bientôt l’on verra figurer. Chacun ayant pris place, Barthélemi continue en ces termes, touchant la charité :

4. Son charitable sein, à tous les malheureux,
Soit barbares, soit Grecs, soit chrétiens, soit Hébreux,
Est en tout temps ouvert, pour de son abondance,
Par ses soins empressés, soulager l’indigence.

GASPARD.

5. De quoi parle monsieur?

BARTHÉLEMI.

6.   C’est de la charité.

GASPARD.

7. La charité! j’entends, c’est de l’humanité :

Car nous autres savans, au siècle des lumières,
Loin de tout préjugé, mieux instruits, plus sincères,
Nous portons dans nos cœurs notre religion,
Et nous n'encensons pas la superstition.

BARTHÉLEMI.

8. C'est donc, monsieur Gaspard, c'est donc que vos lumières,
Qui rendent, selon vous, les hommes plus sincères,
Etablissant les loix de votre humanité,
Réprouvent à jamais le mot de charité?

GASPARD.

9. Nous ne voulons plus rien de cet ère sauvage,
De ces jours ténébreux, d'horreur et d'esclavage,
Où le Franc pâlissait, courbé sous le harnais,
Expirant sous la chaîne, honteux d'être Français.

BARTHÉLEMI.

10. Ce sont là de grands mots le pompeux étalage;
Mais est-ce là le vrai qui rend l'homme plus sage?
Ces termes empoulés détruisent-ils les faits ?
11. Ce qui seul peut nous rendre honteux d'être français,
C'est de voir des humains, que le Franc déifie,
Attaquer des vertus, que la philosophie
N'attaque que par-là qu'elles troublent sa paix.
12. Mais soyez Grec ou Franc, prouverez-vous jamais,
Direz-vous qu'il soit faux que de son abondance
La charité toujours n'assista l'indigence ?

13. Consultez là-dessus un *Julien l'Apostat;*
Ce trait jette à ses yeux, jette un si vif éclat,
Que tout en défendant les lois du paganisme,
Ce tyran des chrétiens et du christianisme
Voit ici, malgré lui, son orgueil irrité
Forcé de rendre hommage à cette vérité.

14. Voyez-vous, écrit-il à ses chers Hellénistes (1),
Contre le nom chrétien acharnés cabalistes,
Le voyez-vous comment ils sont unis entr'eux,
Ces sots Galiléens, l'image des heureux ;
Comment, toujours imbus de la foi des Apôtres,
On les voit assister leurs pauvres et les nôtres;
Et que dis-je? en leurs dons centuplant leurs efforts,
Embrasser à la fois les vivans et les morts?

GASPARD.

15. C'est là nous reporter vers les siècles barbares,
Sous nos yeux retracer leurs maximes bizarres :
Mais, est-il d'entre nous, d'entre tous nos savans,
En est-il donc un seul des morts ou survivans,
Qui portant ses regards sur ces jours de ténèbres,
Là, soulevant le coin de ces voiles funèbres
Où gît parmi les morts l'obscure charité,
Ne s'inscrive en faveur de notre humanité ?

BARTHÉLEMI.

16. Après l'aveu forcé de l'apostat impie,
Prenez donc *Montesquieu,* dont la philosophie

(1) Les païens grecs.

N'est point trop étrangère à ce monde nouveau ;
Consultez même encore un *Jean-Jacques Rousseau;*
Là , sachez-le d'eux tous, que le christianisme
Fera beaucoup de bien où le philosophisme,
Où la secte du jour ne saurait l'imiter.

17. Le philosophe ici pourra bien s'irriter;
Défenseur acharné de cette secte impie ,
Quand à tout prix il veut que sa philanthropie
L'emporte éminemment sur la loi des chrétiens :
Mais le bien pour cela cesse-t-il d'être bien ?
La rage, la fureur, les transports de colère
Viendront-ils du soleil éteindre la lumière ,
Faire du jour la nuit , anéantir les faits ?
Les forfaits cessent-ils par-là d'être forfaits,
La mort toujours la mort, la vie aussi la vie ?
Ainsi donc , que Gaspard, lorsque je l'y convie,
Refuse d'être juste à l'égard des chrétiens ,
Toujours pour le confondre il suffit des païens.
Convaincu par les faits , dans son aveu sincère,
Un Julien l'Apostat suffit seul pour le faire.
En vain, et sous nos yeux, l'intrépide Gaspard ,
De sa philosophie agitant l'étendard ,
Voudrait-il du païen briser l'arme puissante;
Vains efforts! contre lui la preuve est accablante.

18. En entier lira-t-on l'histoire des vieux temps ?
Là, suivant chaque état, jusqu'au milieu des camps,
Que des premiers chrétiens l'on scrute la conduite,
Quand l'univers entier vient, s'attache à leur suite!
Contemplant ces héros, que l'on reste étonné
De voir partout leur front de gloire sillonné !

Non point de cette gloire impie et criminelle,
Qu'un tyran va cueillir dans le sang qui ruisselle;
Mais de celle où sont peints des charmes ravissans ;
De cette gloire pure, où des cœurs bienfaisans
La douceur, la bonté, les bienfaits, l'innocence,
Retracent parmi nous du Très-Haut la clémence.

19. Car la charité vraie, infuse dans un cœur,
Toujours porte avec elle empreinte la douceur;
Cette bénignité, sœur de la modestie,
Qui fait toujours partout les charmes de la vie,
Et donne tant de prix aux dons que fait la main.

20. Cette aimable douceur, à l'air, au front serein,
Fait alors que le don qu'offre la main aisée,
Est pareil aux bienfaits d'une douce rosée,
Dans le cœur de celui qui pleurant le reçoit.

21. Modeste, son regard craint l'œil qui l'aperçoit :
Que dis-je, elle va fuir jusqu'au regard d'un proche,
A sa droite cacher le don que fait la gauche.

Ici Gaspard a l'insolence de produire une statue représentant Jean Jacques Rousseau, qu'il portait cachée sous son manteau, et de la placer debout en face du Christ.—Lucie ne pouvant contenir son indignation, prend la parole et dit :

22. Cher oncle, c'est trop fort, laissez là ce Gaspard !
Livrez cet orgueilleux à son porte-étendard,
A ce Jacques Rousseau, que sa philosophie
Lui fit, avant le temps, mettre un terme à sa vie !

23. Pour nous, moins raisonneurs, simples dans notre foi,
Qui désirons des Cieux de connaître la loi,
De l'aimer, la chérir et la mettre en pratique,
Daignez citer des saints quelque fait historique.

Gaspard, témoin de l'indignation générale qu'a excitée sa conduite, notamment dans une famille de qui il espère des avantages temporels, et à qui il pensait par-là de faire sa cour, reprend sa statue et la cache. — Cet événement scandaleux a produit l'effet tout contraire à celui auquel il s'attendait. — Par le moyen de mauvais livres qu'il avait procurés à cette famille, et qui lui avaient donné jusque-là de l'estime pour Jean-Jacques, déjà il avait réussi à ébranler sa foi; mais voilà qu'elle a été une de celles qui ont paru les plus consternées de cet acte de folie, et qui ont été le plus indignées en voyant cet impie mettre en parallèle Jésus-Christ avec Barabbas, comme le fit autrefois Pilate en présence des Juifs. — Cependant Barthélemi reprenant la parole, continue ainsi, pour répondre à la question que lui a adressée sa nièce :

24. Demandez à Pacôme, à ce soldat païen,
    Ce qui le détermine à se faire chrétien.
    Blessé dans un combat, laissé nu sur la plage,
    Un étranger le prend, tout écumant de rage,
    Le prend et le transporte en lieu de sûreté;
    Là, lorsqu'il a calmé ce lion irrité,
    Sa bienfaisante main lui panse sa blessure,
    Y verse avec bonté l'essence la plus pure;
    Et ne le quitte plus qu'entièrement remis,
    Il ne soit dans le cas de fuir ses ennemis.
25. Cependant le soldat, plein de reconnaissance,
    N'a cessé d'admirer cet excès de clémence;
    Il désire savoir de l'étranger chrétien
    Quel est le Dieu qu'il sert, s'il est juif ou païen,
    Bien convaincu qu'il est, qu'une vertu si rare,
    Ne saurait se trouver chez celui qui s'égare.
    Puis-je l'oser, dit-il, alors, à son sauveur,
    Savoir de vous quel est le Dieu de votre cœur?
26. Mon Dieu, dit le chrétien, le grand Dieu que j'adore,
    Est le Dieu tout-puissant qui préside à l'aurore.

Je n'adore que lui et son fils Jésus-Christ.

27. Ces mots touchent Pacôme, ils frappent son esprit.

   « C'est donc là le vrai Dieu, reprend-il dans les larmes;

   « La foi qui dans son sein réunit tant de charmes,

   « Qui donne au cœur de l'homme autant de charité,

   « Sans doute vient des Cieux, elle est la vérité.

   « Pour moi c'en est donc fait; adieu, vain paganisme!

   « Mon culte désormais c'est le christianisme. »

28. Pacôme remplira tous ses engagemens;

   A la foi de Jésus il a fait ses sermens.

   Athlète courageux, le servant avec zèle,

   Jusqu'à son dernier jour il lui sera fidèle.

   Que dis-je? un jour en lui sera vu le grand saint,

   L'apôtre des déserts, d'un zèle surhumain,

   Qui va conduire aux cieux, par des règles austères,

   Sous ses ordres rangés, de nombreux solitaires.

LUCIE.

29. Que ce trait est touchant! Ciel, qu'il me paraît beau!

   Garde pour toi, Gaspard, ton Jean-Jacques Rousseau,

   Et laisse-nous puiser aux sources de la vie,

   Les bienfaits éternels qui flattent notre envie.

BARTHÉLEMI.

30. Si j'avais à donner, aux juifs comme aux païens,

   Sur les temps reculés, l'histoire des chrétiens,

   Ces traits partout écrits, dans les camps, dans nos villes,

   Il faudrait les citer par centaines de milles.

   Qu'ai-je fait? qu'ai-je dit? les monts et les déserts,

   Les forêts, les étangs, les fleuves et les mers,

4.

M'accusent à la fois de cette réticence,
Ensemble, à leur égard, condamnent mon silence.
Il faut donc en compter autant de millions
Qu'ont jamais existé parmi les nations,
Des saints et des élus, dès l'aurore du monde.
31. L'erreur des mécréans, est-elle donc profonde
S'ils osent soutenir que leur humanité
Eclipse des chrétiens jusqu'à la charité !

GASPARD.

32. Oui, de tous vos dévots, dont l'ame est assoupie,
Par ses nombreux bienfaits, notre philanthropie,
Tel le soleil levant, en face d'un brouillard,
Eclipse les succès, fait pâlir l'étendard.

Entendant ces choses, chacun se bouche les oreilles, saisi d'indignation. Tante Louise ne pouvant se contenir, prend elle-même la parole et s'explique ainsi :

33. Qui le peut de sang-froid, entendre un tel blasphème !
34. Quiconque se contient, est maître de lui-même
Quand son oreille entend de semblables horreurs,
Semble par-là des Cieux repousser les faveurs,
Associer son sort à celui de l'impie.
35. La connais-tu donc bien cette philanthropie,
O malheureux Gaspard ! nouveau loup ravissant !
Sais-tu donc que partout, par le fer et le sang
Sont écrits ses forfaits, sont dressés ses trophées ?
36. Aux cris de la terreur, ses nombreux coryphées,
Promenant en tous lieux son lugubre étendard,
Qui put les arrêter ? derrière quel rempart ?

(53)

37. Les a-t-on vu jamais, lorsqu'ils pointaient leurs armes,
Sur le sort des humains répandre quelques larmes ?

38. Quand les fleuves de sang débordaient en tous lieux,
Les a-t-on entendus, dans leurs accens pieux,
Du genre humain foulé déplorer la misère ?

39. Lorsque par millions, gisant dans la poussière,
L'on voyait les corps morts, l'un sur l'autre entassés,
Leur servir de rempart, vit-on leurs cœurs glacés
Pousser même un soupir touchant l'espèce humaine ?

40. Et lorsque, loin des camps, l'on traînait sous la chaîne,
Par les ordres cruels de ces autres Nérons,
Les nobles, les bourgeois, tout jusqu'aux bûcherons,
Qu'on jonchait les cachots de ces tristes victimes,
Pour de là les pousser tantôt dans les abîmes,
Tantôt sous le tranchant de ce fatal couteau
Que leur féroce main dressa sur l'échafaud ;
Tantôt pour les conduire aux tristes *mitraillades*,
Ou dans le sein des mers par d'horribles noyades ;
Est-ce donc là le beau de cette humanité,
Qui si fort des chrétiens trahit la charité,
Réduit cette vertu, triste, pâle et tremblante,
En proie à ses fureurs, sous ses coups expirante,
A n'oser plus paraître en face d'un soleil,
Dont le rayon sanglant, l'éclipse à son réveil ?

41. Ou, Cieux ! serait-ce encor, quand cette horde impie,
Immole jusqu'au pauvre à sa philanthropie,
Quand toujours plus féconde en prodiges nouveaux,
On lui voit enlever leurs biens aux hôpitaux,
Qu'on doit plus remarquer l'excès de sa clémence,
Dans ses soins empressés d'assister l'indigence !

42. Quelle est donc ta folie, infortuné Gaspard!
  Va donc, va, malheureux, porter ton étendard
  A tes fiers-mécréans, à ceux qui te ressemblent!
  Que dis-je? oh non; plutôt, en te voyant qu'ils tremblent(1)!

BARTHÉLEMI.

43. Assez, ma tante, assez; par le rayon du miel
  L'on prend le moucheron bien plus qu'avec le fiel.
44. Oublions le passé; Gaspard, il faut le plaindre;
  Quand de notre côté chacun de nous doit craindre,
  Qu'infidèle à la grâce, et délaissé des Cieux,
  Voyant s'éteindre en soi ses sentimens pieux,
  L'on ne finisse, hélas! comme l'ont fait tant d'autres,
  Comme on sait que l'a fait l'un d'entre les apôtres.
45. Gaspard est dans l'erreur, chacun de nous le plaint;
  Mais, Cieux! il peut encore devenir un grand saint:
  Lorsque nous, malheureux, si notre foi s'égare,
  Tous nous pouvons périr; tel le Ciel le déclare.
46. De l'union des cœurs resserrant le lien,
  Dans un saint tremblement opérons donc le bien.
  Mais je suis attendu, je dois prendre la fuite;
  A demain, s'il vous plaît, de reprendre la suite.

(Gaspard furieux et grinçant des dents, voudrait parler encore;
mais le bruit des conversations couvre sa voix et l'on se sépare.)

(1) Comme étant plus impie qu'eux, et dès-lors plus à redouter;
car les mots d'incrédule et d'assassin sont aujourd'hui synonymes.

TROISIÈME ENTRETIEN.

Nouvelle transformation à la solitude. — Ce ne sont plus deux tentes placées en face l'une de l'autre ; ce n'est plus qu'une seule tente d'une grandeur prodigieuse, enveloppant, couvrant dans son entier l'arbre verdoyant qui séparait les deux premières. — La tente nouvelle montre sur son extrême hauteur une espèce de dôme surmonté d'une croix rayonnante. — L'arbre qui étend ses branches touffues en forme d'éventail, arrondi symétriquement dans sa forme par le haut et par le bas, offre une grâce charmante par la décoration dont il est orné. — Il répand autour de lui l'odeur la plus suave ; des roses dont les unes sont encore en boutons naissans ou formés, et les autres dans tout l'éclat de la floraison, ont été réunies, par leurs tiges, avec une adresse surprenante, aux tiges infiniment multipliées de l'arbre ; de telle sorte que la sève de l'arbre se communiquant et se trouvant en contact avec chacune des tiges, les roses conservent toute leur fraîcheur aussi vermeille qu'elles l'avaient sur la plante qui leur est naturelle. — Il est rare d'avoir un coup d'œil plus ravissant ; on dirait un immense rosier du paradis terrestre, tel qu'il ne s'en est jamais vu. — Les bancs de gazon et leurs estrades, sur la forme des premiers, occupent dans tout son contour cette vaste enceinte, si ce n'est le court espace qui sert d'entrée à la rotonde. — Ces estrades plus spacieuses et plus élevées que les premières, sont couronnées de caisses d'orangers et de vases de toute espèce de fleurs ; quand régulièrement placées de distance en distance l'on découvre dans l'intérieur de cette vaste tente, dont le fond est d'une blancheur éclatante, comme des espèces de colonnes, formées d'un bleu de ciel très-pur. — Tous s'étant réunis à l'heure indiquée, l'auditoire considérablement augmenté par un effet du zèle des premiers, y compris le célèbre Gaspard qui n'a pas manqué de se rendre, et chacun ayant pris place Barthélemi arrive, va à la chaire qui lui a été préparée, et sans autre forme de complimens ou de salut,

qui seront désormais laissés de côté, il débute par l'apologue
suivant :

47. Que vois-je en ce moment, d'un œil triste et pensif?
Des frères qui s'aimaient d'un amour tendre et vif,
Sous mes yeux consternés se déclarent la guerre ;
Et le corps d'un d'entr'eux est gisant sur la terre.

48. J'ai fait de vains efforts pour calmer leur fureur,
L'un d'eux a succombé, le stylet dans le cœur,
Et dans son désespoir il a perdu la vie.

49. O vice désastreux! ô détestable envie!
Tels donc les fruits amers, Cieux! dont tu nous nourris!
Hélas ! et dans ton sein, ils sont sitôt mûris!

50. Hier, quand le soleil nous cacha sa lumière
Pour aller se lever sur un autre hémisphère,
Ces deux frères étaient l'image du bonheur;
Ils n'avaient entr'eux deux qu'un seul et même cœur,
Lorsqu'un point puéril de vaine préférence
En fait deux ennemis divisés à outrance;
A ce point que chacun en maudissant son sort,
Accourt sur le terrein pour un combat à mort.

51. Qui donc peut l'expliquer ce détestable vice !
Que l'on ne puisse faire un léger sacrifice,
Pour l'insigne bienfait de l'union du cœur :
Qu'un modique intérêt, qu'un léger point d'honneur,
Tel serait un volcan, misérable enfant d'Eve,
Te fasse t'enflammer, et t'armant de ton glaive,
Accourir aussitôt pour frapper l'innocent,
Ou succomber toi-même inondé de ton sang!

52. Le motif qui d'un cœur vient exciter l'envie,
Y réveiller la haine , au péril de sa vie,

Serait-il moins futile, et cent fois plus majeur,
Faut-il pour tout au monde, ô la fatale erreur !
D'un seul et même coup, du tranchant de sa lame,
D'un frère malheureux perdre le corps et l'ame?
Plus criminel encor que ne le fut Caïn,
En état de péché, traîné sur le terrain,
Faillait-il lui ravir sa gloire temporelle,
A la fois, tout espoir à la gloire éternelle?

53. Car du moins celui-là, frappant son frère Abel,
Rompant, brisant son corps, rendit son ame au Ciel;
Au lieu que celui-ci, doublement sanguinaire,
Dans un double malheur précipite son frère,
Dans le malheur du temps et de l'éternité.

54. Ce n'est qu'en Lucifer, dans Satan irrité,
Que ce grand criminel peut trouver son modèle ;
Quand ce chef des démons, dans sa rage cruelle,
Le vice de l'envie à son cœur orgueilleux ,
Inspirant en secret le piége insidieux,
Fît commettre un péché de désobéissance (1),
Qui dépouillant Adam de la belle innocence,
Lui fît perdre à la fois l'héritage des cieux,
Et tous les autres biens qu'on goûte en ces bas lieux.

55. Tel donc, pour éviter un plus long dialogue,
Ai-je pensé de faire ici cet apologue.
Car dire tous ces traits, ou tous les définir,
Ce serait un détail à ne plus en finir.
Sur ce simple exposé laissons donc ce troisième,
Et pressons-nous soudain d'aborder le quatrième.

(1) « Car la mort est entrée dans le monde par l'envie du diable;
« et ceux qui se rangent de son parti deviennent ses imitateurs. »
Sag., ch. 2, v. 24 et 25.

Gaspard se lève et s'annonce comme voulant prendre la parole sur ce qui vient d'être dit; mais sa famille, humiliée de sa conduite de la veille, le force de reprendre sa place. — Alors le père, frère de l'abbé, prend lui-même la parole en ces termes :

56. L'apologue, cher frère, a dessillé nos yeux :
Nous comprenons combien ce vice est odieux !
Combien est criminel le malheureux impie !
Qui veut en faire un point de sa philanthropie !

57. Si de ce vice affreux, les effrayans progrès,
N'arrivent pas toujours jusqu'aux derniers excès,
Toujours va-t-il du moins de son impure flamme,
Ou s'il est un poignard, du tranchant de sa lame,
Relâcher les liens des cœurs qui sont unis ;
Et sur les criminels, par eux-mêmes punis ,
Faire que leur fureur sur eux-mêmes retombe,
Que souvent l'envieux dans la lutte succombe.

58. Tel verrait, par exemple, un humble postulant
Prospérer, s'enrichir, s'élever à pas lent ,
Regarde son bonheur d'un œil de jalousie,
Et l'attaque en secret , soit par la calomnie ,
Soit par les traits malins de sa caustique humeur,
Lui-même va périr victime du malheur
Qu'à son frère en secret préparait son envie.

59. Quand un autre à son tour, au printemps de sa vie,
Lorsque d'une alliance il formait le projet,
Attaquant par envie un rival sans sujet,
Sera, tel le premier, entraîné dans l'abîme,
Qu'avec tant de noirceur avait creusé son crime.
Sa haine ainsi connue aux yeux de l'univers ,
Coupable, on l'aura vu se prendre dans ses fers,

Ses traits empoisonnés retombant sur sa tête;
A jamais repoussé d'une famille honnête ,
Lui-même aura perdu ce prétendu bonheur
Qu'on lui vit rechercher avec tant de fureur.

Gaspard, irrité de ce qui vient d'être dit, touchant l'envie, qu'il regarde comme une vertu philosophale, quitte précipitamment l'auditoire; et Lucie, prenant la parole, adresse la question qui suit :

60. Qu'entendez-vous, cher oncle, en son ordre citée
Par cette expression : *n'est point précipitée ?*

BARTHÉLEMI.

61. Là de la charité c'est le quatrième trait ,
Qui de cette vertu relève le portrait.

62. C'est nous dire par-là que, prudente et sincère ,
La reine des vertus n'est jamais téméraire;
Que réglant tous ses pas selon la vérité ,
Dans tous ses mouvemens rien n'est précipité;
Qu'en tout, son action est sans afféterie;
Qu'en son ame en secret sa parole mûrie,
Sage et prudente alors, on ne la verra point ,
Agissant ou parlant, parler, agir en vain.

63. La parole du Sage, ami de la prudence ,
Sera jusqu'à sept fois mise dans la balance ,
Enseigne quelque part le sage Salomon.

64. Auprès de Dalila, si tel l'eût fait Samson;
Egaré par les sens , surpris par leur amorce ,
Il n'eût point révélé le secret de sa force ;
Et dans tant de combats , vainqueur des Philistins ,
On ne l'eût jamais vu jouer dans leurs festins (1).

(1) Où, après lui avoir crevé les yeux , l'ayant vaincu, ils s'en servoient comme de jouet. *Jug.* 16, 21, 25.

Gaspard, après avoir exhalé quelques momens sa colère au-dehors, rentre dans l'auditoire et paraît un peu plus calme. — Lucie continue ainsi ses questions :

65. On ne trouvera point dans la charité pure ,
De l'orgueil infernal la criminelle enflure.
Tel de cette vertu le cinquième rayon ,
Dont l'éclat embellit les enfans de Sion.

BARTHÉLEMI.

66. Ah! Ciel, comment l'orgueil, cet exécrable vice,
Dont l'audace effrénée et l'horrible malice ,
Ont du plus haut des cieux fait tomber Lucifer,
Tout vivant l'ont jeté dans le fond de l'enfer,
Pourrait-il habiter, couvert de sa souillure ,
Avec la charité dont la flamme est si pure?
N'est-il pas le premier des vices capitaux,
Qui peuple chaque jour l'enfer et les tombeaux ,
De tant de réprouvés souillés de tous les crimes,
Des flammes de l'enfer éternelles victimes?
67. Disons-le donc plutôt, disons-le que l'orgueil
Est de la charité le plus funeste écueil.

GASPARD.

68. Quelle erreur! quels écarts! toujours du verbiage!
L'orgueil dans tous les temps, fut la vertu du sage ;
Et rendu sous les traits des plus noires couleurs,
Vous en faites ici comme un chef de voleurs ,
Qui va, portant partout le fer, le feu, la flamme,
A la fois dans l'enfer jetter le corps et l'ame.

BARTHÉLEMI.

69. Si c'est une vertu de braver le Très-Haut,
De la guerre en tous lieux d'allumer le fléau ;
Accablés, gémissans sous le poids de leur crime,
Chaque jour par milliers tout vivans dans l'abîme
De pousser les mortels au cri de la terreur ;
Il faudra l'avouer, l'orgueil, dans sa fureur,
Est certes la vertu qui n'a point de rivale,
De l'orgueilleux Satan la vertu sans égale.

GASPARD en colère.

70. O crime ! ô fanatisme ! ô superstition !

Le père de Gaspard lève ici la main pour frapper son fils, son insolence faisant qu'il ne peut contenir son indignation ; mais Gaspard prend la fuite et va encore une fois exhaler au-dehors sa colère. — Barthélemi alors adressant la parole à ce père infortuné, lui tient ce langage :

71. Tel est le fruit amer de l'éducation
Que dans ces jours d'horreur l'on donne à la jeunesse !
Maintenant leur parler de vertu, de sagesse,
Lorsque tout pour les perdre, hélas ! s'est accordé,
C'est vouloir arrêter un fleuve débordé,
Dont les flots courroucés entraînent sur sa rive
Tout jusqu'au mur flanqué, jusqu'à la roche vive.
Espérez cependant, ô père malheureux !
Que le Seigneur un jour exaucera vos vœux.

La mère de Gaspard sort, fondant en larmes, pour aller raisonner son malheureux fils et le déterminer à rentrer. — Pendant ce temps-là Lucie reprenant ses questions, continue ainsi :

72. La charité, dit Paul, dans ses dons généreuse,
Est sans prétention, n'est point ambitieuse.

BARTHÉLEMI.

73. L'affreuse ambition, procédant de l'orgueil,
Dès-lors de la vertu le plus perfide écueil,
Dans le cœur d'un élu ne saurait prendre place,
A moins d'y renverser l'empire de la grâce.
74. Modestes, réservés, brûlans de charité,
Les justes, les élus, c'est dans l'humilité
Qu'on les voit rechercher le repos de leur ame,
Non dans les vains honneurs de qui l'impure flamme
Souille, avilit, noircit, rend fourbe et vicieux,
Change en démons enfin les cœurs ambitieux.

LUCIE.

75. Ses propres intérêts, poursuit le même apôtre,
Surtout au détriment des intérêts d'un autre,
L'aimable charité ne les recherche point.

BARTHÉLEMI.

76. Le sage Salomon fait rechercher au loin
Le juste chez qui l'or, l'argent et la richesse
N'auraient pu réussir de tenter la faiblesse :
Quel est-il celui-là, dit-il aux nations ?
Connu, qu'il soit comblé de bénédictions !

Son nom à tout jamais est digne de mémoire ;
Chantons-le ce héros, célébrons sa victoire.

77. Partout où sur les cœurs règne la charité,
Sur les enfers vaincus ce triomphe est chanté.

78. La foi de Jésus-Christ porte écrits, dans ses temples,
Touchant cette vertu des millions d'exemples.
Là-dessus que de noms, quel grand nombre de Saints,
A qui par-là sont dus les honneurs souverains ;
Que comme amis de Dieu, du couchant à l'aurore,
Ensemble avec les Cieux tout l'univers honore !
Que de noms inconnus qui devront l'être un jour
Lorsque tous réunis pour l'aimer sans retour,
Tous les élus de Dieu dans le sein de sa gloire,
Devront à tout jamais célébrer leur victoire !

LE PÈRE.

79. Le chrétien cependant n'offense pas son Dieu,
Non plus que celui-là qui n'a ni feu ni lieu,
Si pour faire le bien il garde ses richesses ;
Soit pour aux malheureux en faire des largesses,
Soit pour en bon chrétien, élever ses enfans,
Ou faire encor pour eux brûler un pur encens (1).

BARTHÉLEMI.

80. Non, si, tel qu'on l'apprend dans la Sainte-Ecriture,
Il ne va pas prêter son argent à usure ;
Si, possédant ces biens, égaré par l'erreur,
Il ne s'en fait un dieu qui règne sur son cœur ;

(1) Comme Job, faire des aumônes, offrir ou faire offrir des sa-
crifices ou des prières pour eux.

Si dans leur gestion , surpris par l'avarice,
Il n'en fait pas l'objet d'un aveugle caprice (1) :
Enfin si de cet or, tel ferait un païen ,
Il n'en fait pas, hélas ! un funeste lien
Pour le traîner un jour, sous le poids de son crime,
Dans les feux dévorans d'un éternel abîme.
Car qu'importe au démon, à l'heure de la mort ,
De traîner aux enfers par une chaîne d'or!.....
Que l'enfer soit un jour votre unique héritage,
Tel son unique but, là tend toute sa rage.

Gaspard rentre accompagné de sa mère; il paraît plus calme.
—Lucie, prenant la parole, s'exprime ainsi, continuant ses questions :

81. Dans tout la charité, prévoyant tout de loin,
Conserve son sang-froid, et ne s'irrite point;
Tel est le trait nouveau qui sur son front rayonne,
L'un des plus beaux fleurons de sa riche couronne.

Ici Gaspard paraît un peu honteux de lui-même; il baisse les yeux,
et paraît comme s'enfoncer au-dedans de lui, ce qu'il n'avait point
encore fait.

BARTHÉLEMI.

82. Comment serait-ce, ô Cieux! que la religion
Pourrait se taire ici, quand l'éducation
Sur ce point délicat est tellement extrême,
Qu'elle appelle y manquer, se manquer à soi-même?
83. Ici pour se convaincre, il suffit des païens :
Dans ces temps reculés, les pythagoriciens ,

(1) Comme ce serait d'amasser trésors sur trésors par avarice, ou
d'employer la fortune à des entreprises folles.

Pour étouffer en eux les cris de la nature,
Payaient l'homme impudent qui leur faisait injure.

84. Afin de se montrer insensible à tous maux,
Le stoïcien permet qu'on lui brise les os.

85. Nous savons le sang-froid du célèbre Isocrate,
D'un Licurgue éborgné, d'un Platon, d'un Socrate:
Ce dernier qu'une épouse, en transports de fureur,
Abreuve chaque jour du fiel de la douleur,
Sans avoir près de lui quelqu'un qui le console,
Ne fait pas même entendre une seule parole.

86. Chez l'orgueilleux Romain, après les Romulus,
Que dire d'un Emile et d'un Germanicus !
Celui-ci chaque jour donne une récompense
Au soldat contre lui qui parle de vengeance;
Quand chez le Spartiate, un guerrier, Phocion,
De ses fiers assassins fait l'admiration (1).

87. Combien est donc affreux le vice de colère !
Le colère agité, chagrin, atrabilaire,
Assis sur des volcans, cet être malheureux,
Que la lave noircit, dévore de ses feux,
Jamais pour réfléchir ne rentre dans lui-même,
Pour savoir dans le vrai ce qu'il hait ou qu'il aime.
Il parle dans l'aigreur sans savoir ce qu'il dit;
De l'entendre parler chacun reste interdit;
On ne sait si c'est là l'effet de la folie,
Ou simplement l'effet de la mélancolie.

88. Lorsque l'eau de la source est calme en un bassin,
Que le soleil est pur, fut-il à son déclin,

____

(1) Leur accordant un généreux pardon.

Alors dans le plus vrai l'on peut y voir sa face;
Mais qu'un vent furieux agite sa surface,
Alors tout va rentrer dans la confusion,
Lors tout dans ce bassin vous fait illusion.
Tel un cœur malheureux qu'agite la colère;
C'est l'horreur du cahos, d'un volcan le cratère.

LUCIE.

89. Divine charité!...

BARTHÉLEMI.

90.   Finissons, il est temps.
D'un nouveau peuple encor les vœux impatiens
M'appellent, et j'y cours: ainsi qu'il me l'atteste,
Ce peuple bienheureux de la manne céleste
Va cueillir les trésors, en goûter les saveurs.

LUCIE.

91. Mais vous nous reviendrez.

BARTHÉLEMI.

92.   Quand du printemps les fleurs
Vous auront présenté, vers les jours de l'automne,
Les fruits que tous les ans le Créateur nous donne;
Alors d'un pas pressé je reviendrai vers vous,
Reprendre mon sujet, de vous revoir jaloux.

On se fait les adieux les plus touchans, les larmes coulent de part
et d'autre, et l'on se quitte. Gaspard se retire édifié et attendri de
ce qu'il a vu et entendu, bien résolu de ne pas manquer de revenir
lorsque devra se reprendre la suite des entretiens.

FIN DU DEUXIÈME LIVRE.

LES CARACTÈRES
DE LA CHARITÉ.

LIVRE TROISIÈME.

PREMIER ENTRETIEN.

Barthélemi de retour vers les plus beaux jours de l'automne, se dispose à reprendre la suite de ses entretiens. — Tout a été disposé pour la réunion de son auditoire. — Dans l'enfoncement d'une vallée délicieuse, des tentes d'une forme nouvelle ont été préparées; on dirait celles qui environnaient et couvraient autrefois l'arche sainte. — Là une ligne de circonférence a été tracée dans la forme d'une église. — Un autel majestueux, surmonté d'une croix rayonnante, a été dressé dans la partie qui forme le chœur, et une tente, surmontée d'un dôme, a été placée au-dessus; tandis qu'une autre tente, ayant la forme d'une toiture, a été tendue sur toute la longueur et la largeur de la partie qu'occupe la nef. — Dans tout le contour de chacune des deux tentes, des pentes, en forme de franges, en cramoisi, ornées de glands d'or sans nombre, se rabattent avec grâce sur la largeur de deux ou trois pieds; et des rideaux d'une richesse rare, de même couleur, partant des quatre côtés de la tente qui est élevée au-dessus de l'autel, descendent sur un plan incliné vers le dehors, et viennent se rattacher à quatre des colonnes, à hauteur d'appui, qui forment l'enceinte du chœur. — Des colonnes de la même hauteur, à part les quatre qui soutiennent la tente, servant de toiture à la nef, sont placées de distance en distance sur toute la ligne de circonférence. — Une toile d'une blancheur éclatante et de la hauteur de ces mêmes colonnes, les couvre en dedans et au-dehors. — La partie du dedans est ornée de guirlandes formant des dessins allégoriques. — Dans l'intérieur de la nef sont placés des siéges nombreux dans tout son contour, tandis que d'autres sont rangés avec ordre dans le centre, de manière à ce

5.

que de toutes parts l'on puisse, au même temps qu'on entend parler de Dieu, contempler les richesses dont l'automne, de sa part et par les soins attentifs de sa divine providence, vient enrichir les mortels. —D'un côté, sur le penchant d'un coteau dont la perspective s'étend plus loin que la vue, se montre une vigne dont la fécondité doit bientôt faire regorger les pressoirs du père de famille; de l'autre est une forêt, dont les arbres majestueux et touffus vont balancer leur cîme verdoyante dans le sein des nues. Ici est un bosquet dont la symétrie et la variété des plants fixent l'attention, délassent et réjouissent la vue. Là est un verger où sont des arbres à fruits de toute espèce, qui s'inclinent sous le poids de leur fécondité, nous donnant par-là une leçon d'humilité; plus loin, une rangée de peupliers borde les rives enchantées d'un ruisseau qui va serpentant le long de la vallée, et qui humecte de son onde pure tous les plants et les arbres qui en font la richesse et l'ornement; tandis que tout près de cette espèce d'église champêtre, et dans tout son contour, se montrent, rangés avec une admirable symétrie, le laurier qui sert à former la couronne des vaillans capitaines, l'oranger, le laurier-rose, le myrthe, la rose bingale, et toutes les autres fleurs de la saison, qui toutes répandent la plus suave odeur sous la tente. —Là le premier auditoire, considérablement augmenté, s'est rendu à l'heure indiquée. — Gaspard et toute sa famille y ont paru des premiers. Barthélemi qui les trouve tous réunis au moment où il se présente, après une courte prière qu'il fait devant la croix et l'image de Marie, va droit à la chaire qui lui a été préparée, et commence ainsi :

1. O foi de mon Jésus ! que de pures délices,
   De votre éternité les heureuses prémices,
   Déjà dans ces bas lieux vous inondez nos cœurs !
   Sous mes yeux réunis ces nombreux auditeurs,
   En qui je n'aperçois et qu'un cœur et qu'une âme,
   Qu'un zèle tendre et vif consume de sa flamme,
   Que la charité pure unit à tout jamais,
   Sans doute, ainsi que moi, les goûtent ces bienfaits.
2. Auditoire étranger, à qui, pour te complaire,
   Me séparant des miens, je portai la lumière,

Avec toi, me livrant au plus doux abandon,
Combien de fois aussi je le goûtai ce don !

3. Vous surtout dont j'ai vu les yeux baignés de larmes,
En secret les goûter à votre tour ces charmes,
Dites combien alors vous me vîtes heureux,
Quand, fermant sous vos pas l'abîme ténébreux,
Sur votre tête ouvrant les sources de la vie,
Pour le bonheur des cieux enflammant votre envie,
Je réussis enfin, rompant, brisant vos fers,
A vous sortir vivans du fond des noirs enfers.

4. A l'ombre de sa croix, rangés sous sa bannière,
Dites s'il fut touchant, tendre, vif et sincère,
Notre dernier adieu, lorsqu'aux pieds de Jésus,
Tous nous n'avions qu'un cœur dans tous nos cœurs émus !

5. Sainte Religion, Ciel ! que vous êtes belle !
Qu'heureux est le mortel qui vous reste fidèle !

6. Hors de vous il n'est point; non, point de vrai bonheur,
Vous seule vous allez à l'intime du cœur,
Pour nous faire entr'aimer, chérir les uns les autres ;
Tels les premiers chrétiens formés par les Apôtres.

7. Mais que dis-je ? que fais-je ? oublions l'étranger,
Lorsque parmi les miens je reviens me ranger,
Pour de même avec eux goûter la paix de l'âme ;
Pour, de la charité ressuscitant la flamme,
Sur tous nos cœurs unis faisant jaillir les feux,
De même dans la foi nous rendre tous heureux.

GASPARD.

8. Autrefois le témoin de mon indifférence,
Je ne dis point assez, de ma folle arrogance,

Vous daignâtes, monsieur, dissimuler mes torts.

9. De votre zèle ardent, de vos pieux efforts ,
Qui vous firent en moi poursuivre alors le crime,
Afin de m'arracher à l'éternel abîme;
Insensé que j'étais, je m'en faisais un jeu ,
Et je fus même, hélas! jusqu'à former le vœu
De vous voir succomber sous le poids de mes preuves,
Pauvres, vides de sens, par-là qu'elles sont neuves;
Car pour l'orgueil humain, l'essai le plus nouveau
Est le *nec plus ultrà* du vrai comme du beau.

10. Réfléchir, lorsqu'on est tout bouillant de malice,
C'est pour l'esprit léger un trop grand sacrifice.
On voit tout, on sait tout sans avoir rien appris;
L'argument le plus clair, les plus savans écrits
Ne sont plus rien auprès de cet esprit superbe.
Son regard dédaigneux et sa parole acerbe,
Aux yeux de son orgueil, qu'enhardit le courroux,
Lui font avoir raison envers et contre tous;
Avoir raison lui seul, dût-il, dans sa folie,
En thèse soutenir que la mort est la vie.

11. Ah! daignez donc, monsieur, ne plus vous souvenir
De tous mes torts passés, lorsque, pour l'avenir,
Dans la discussion, j'ai résolu du sage
De garder le sang-froid, d'adopter le langage.

On voit ici la joie se peindre sur toutes les figures, et notamment sur celles de chacun des membres de deux familles, celle de Gaspard et celle sur laquelle il a des espérances d'intérêt. Il était temps que le jeune homme pensât à rentrer en lui-même; car déjà la famille s'était prononcée contre lui, ne voulant plus, avait-elle dit, avoir aucun rapport avec un homme de cette espèce, un impie aussi prononcé. — Cependant un ami de Gaspard, assis à ses côtés, dont le nom est Tudeval, ne paraît point partager la joie commune; on

(71)

voit, au contraire, sa figure se rembrunir, et ses yeux étincelans
jeter un regard d'indignation sur son ami. — Barthélemi, craignant
qu'il ne prenne la parole pour occasioner quelque scandale nouveau,
se hâte de répondre à Gaspard en ces termes :

12. Non, non, Barthélemi n'a rien à pardonner ;
    Qui reçoit des conseils et pense d'en donner,
    Avant tout il a dû s'armer de patience.

13. C'est à tort qu'un croyant prendrait pour une offense
    L'attaque contre lui que dirige un pécheur,
    Un pécheur malheureux, aveuglé par l'erreur,
    Lorsqu'un pareil combat est plutôt à sa gloire,
    Surtout sur le pécheur s'il obtient la victoire.

14. Sans cela peut-il donc parler de charité ?
    Le peut-il sans marquer une folie extrême,
    Celui qui la défend, s'il en manque lui-même ?

LUCIE.

15. La charité, dit Paul, ne pense point le mal ;
    Chacun doit donc alors respecter son égal.

BARTHÉLEMI.

16. Oui, de la charité tendre, vive et sincère,
    Tel il est, d'après Paul, le nouveau caractère.
    Celui qui la connaît, fidèle à ses leçons,
    Sur son prochain jamais n'arrête ses soupçons ;
    Il combat ces pensers qui, sondant sa conduite,
    Appelleraient bientôt le mépris à leur suite,
    Et de là lui feraient sur ses torts, méchamment,
    Avec témérité, porter son jugement.

17. Cette leçon pour tous est des plus rigoureuses.
    Les cœurs irréfléchis, ces âmes orgueilleuses,
    Qui pensent de ravir ses droits au Tout-Puissant,
    En sa place juger l'impie et l'innocent,
    Bien plus, les condamnèr et les uns et les autres;
    Ces êtres orgueilleux, d'après les saints apôtres,
    Devront être à leur tour sévèrement jugés.

18. Des esprits vétilleux tels sont les préjugés,
    Telle est la sotte erreur, me dira-t-on peut-être.
    Sachons donc là-dessus, de notre divin Maître,
    Du Roi de tous les rois, le Fils de l'Eternel,
    Sachons le jugement qu'il réserve au mortel
    Qui, durant cette vie, aura jugé son frère.

19. Qui porte un jugement, soit faux ou téméraire,
    Sera jugé lui-même, a dit ce Dieu sauveur.

20. Qu'à la même mesure, où dans sa folle erreur,
    Sans aucune pitié lui déclarant la guerre,
    Il aura mesuré son frère sur la terre,
    Il soit au dernier jour lui-même mesuré!

21. Cieux! entendant ces mots, qui n'en est atterré?
    A ce dernier des jours, en butte à sa colère,
    Qui donc va l'éviter ce jugement sévère ?
    L'élu, celui-là seul qui n'aura point jugé,
    Qui sut garder son cœur contre tout préjugé.

TANTE LOUISE.

22. S'il n'est jamais permis de condamner ses frères,
    Comment donc expliquer ces autres caractères,
    Qu'ayant horreur du mal, jamais la charité
    Ne saurait applaudir à notre iniquité;

Tandis qu'aimant le bien, on la voit, au contraire,
Dans la vérité seule à jamais se complaire?

BARTHÉLEMI.

23. Ici la vive foi répondant à son vœu,
De ce mystère, au saint, fera toucher le nœud;
Il ne partage pas des méchans la malice,
Pour confondre avec eux l'errant avec le vice:
S'il condamne le mal, s'il réprouve l'erreur,
Il n'a garde, jamais, de haïr le pécheur,
Cette image de Dieu, pour qui sur le Calvaire
Jésus par tout son sang a voulu satisfaire.
Si donc, s'il doit haïr du pécheur l'action,
Il saura l'excuser dans son intention,
Avoir pitié de lui; le plaignant, en bon frère,
Prier pour que ses yeux s'ouvrent à la lumière.
24. Il n'oublîra jamais, le saint, le vrai chrétien,
Comment se vit traité l'orgueilleux pharisien,
Quand tout plein de lui-même, épris de son mérite,
On le vit censurer d'une humeur hypocrite (1)
Le pécheur publicain qui priait devant lui.
25. Qu'il est donc dangereux, sur le compte d'autrui
De porter ses regards, d'arrêter sa pensée!
L'âme du pharisien est à la mort blessée
Pour avoir sur autrui porté son jugement.
Et l'heureux publicain, lorsqu'il prie humblement,
Voit désarmer sur lui des enfers la furie,
Et sous ses yeux s'ouvrir l'immortelle patrie:

(1) *Luc*, **XVIII**, 11.

L'un s'est jugé lui-même et rigoureusement,
L'autre sur son prochain porte son jugement.
Entre les réprouvés, qu'aveugle l'arrogance,
Et les élus de Dieu, telle la différence.

TANTE LOUISE.

26. Qu'on voie en soi le crime, ou bien dans son égal,
N'est-ce donc point partout qu'on doit haïr le mal?

BARTHÉLEMI.

27. Oui, chez tous et toujours, dans soi, chez son semblable,
En lui-même le mal est partout condamnable :
C'est en ce sens que Paul dit que la charité
Eut toujours en horreur chez tous l'iniquité,
Qu'on ne la vit jamais mettre sa complaisance
Que dans la vérité, qu'en la seule innocence :
Tel le Père des cieux, ainsi qu'il est écrit,
Lui-même se complaît dans son Fils Jésus-Christ,
Dans ce Fils bien-aimé, cause de notre joie,
La vérité, la vie et des élus la voie.

TUDEVAL.

28. J'entends parler en bien, pour la première fois,
De l'homme qui des Cieux ne garde pas les lois.
Ce qui, jusqu'à ce jour, m'éloigna de vos temples,
M'empêcha du chrétien de suivre les exemples,
C'est de tant de dévots la stupide fierté ;
C'est leur complot malin en secret concerté

Pour blesser, déchirer celui que sa faiblesse
Tient encore assoupi dans sa honteuse ivresse.

BARTHÉLEMI.

29. Serait-il qu'un dévot pût l'avoir eu ce tort,
De blesser le pécheur, loin de pleurer son sort,
Sort triste que pour soi chacun doit toujours craindre;
Serait-il qu'il l'eût fait plutôt que de le plaindre;
Notre foi pour cela perd-elle sa beauté?
30. Son éclat tout divin lui fut-il donc ôté,
Quand trop peu réfléchi, poussé par la colère,
Ce dévot imprudent, d'humeur atrabilaire,
Eût lancé contre lui ce trait empoisonné?
31. Souvent le don des Cieux est trop peu raisonné;
Car notre foi, dit Paul, doit être raisonnable,
Prudente, réfléchie, envers tous charitable.

TANTE LOUISE.

32. Vers la nuit le soleil précipite son cours;
Trop de digressions, d'incidens, de détours,
De nos traits à citer interrompent la chaîne,
Et chacun comme moi le remarque avec peine.
33. Les mondains occupés de vains amusemens,
Qui, si bouillans d'ardeur, pressent leurs argumens,
Voudraient presque aussitôt voir jaillir la lumière
Qu'ils ont sur chaque point entr'ouvert la paupière;
Il convient toutefois, tel parle la raison,
Que chaque fruit mûri se cueille en sa saison;
Que chaque vérité, chaque trait qu'on entame,
On ne le quitte point, que de sa vive flamme,

Arrivant par degrés à l'intime du cœur,
Chacun du nouveau feu ne ressente l'ardeur.
34. Peut-être, cher neveu, que mon instance vive
A vos yeux clairvoyans paraît intempestive......
Daignez la pardonner en faveur du motif !

BARTHÉLEMI.

35. Ce motif, chère tante, aussi pressant que vif,
Fondé sur la raison, me paraît légitime :
Mais toujours est-il vrai qu'il est digne d'estime
Celui qui ne combat que pour mieux s'éclairer;
Tel tous nous combattons, osons tous l'espérer.

LUCIE.

36. La charité divine en elle a tant de charmes,
Qu'elle fait, au combat, chérir jusqu'à ses armes;
En elle rien jamais n'inspire le dégoût;
Modeste, patiente, elle tolère tout.

BARTHÉLEMI.

37. La foi, dira quelqu'un, manque de tolérance;
Faisons donc là-dessus parler l'expérience !
Quand l'Apôtre répond, au nom du Dieu sauveur,
Qu'elle tolère tout, est-il donc dans l'erreur?
38. A cette vérité rends témoignage, ô France !
Dis-nous de quoi les tiens, en ces jours de démence,
En ces jours désastreux, encor si près de nous,
Au su de l'univers, se montrèrent jaloux !

Calmes, mettant un frein à leur affreux délire,
Les vit-on disposés à souffrir le martyre,
Plutôt que de verser une goutte de sang
Chez l'homme criminel, comme chez l'innocent?

39. Que notre œil attentif là s'ouvre et qu'il contemple!
France, si dans ton sein il s'offre cet exemple,
Chez qui, franc réponds-moi! chez qui donc le trouver,
Et par quels monumens faudra-t-il le prouver?

40. Du savant Marmontel consultant les Mémoires,
Qu'on joigne à ce qu'il dit cent preuves accessoires!
Et que, rouge de sang, le monument debout
Le dise si la foi seule tolère tout (1)!
Voulez-vous le contraste? une secte incrédule,
Le jacobin assis sur sa chaise currule,
Se livre sans remords aux plus affreux excès,
Condamne l'innocent sans forme de procès.
Fut-on jamais témoin d'un semblable délire!
Je recule effrayé, je craindrais de trop dire.

Gaspard dont la première éducation avait été religieuse, qui n'avait été qu'égaré dans la seconde, converti maintenant sincèrement à la foi, va faire usage de ses connaissances religieuses.

GASPARD.

41. Oui, l'impie incrédule est féroce et cruel;
Dans un savant écrit, l'éloquent Marmontel
De ces jours désastreux essayant la peinture,
Le portrait qu'il en fait fait frémir la nature.

(1) Marmontel montre dans ses Mémoires les victimes des Carmes et de S. Firmin à Paris; celles de Marseille, de Nantes et de toutes les villes de France, se laissant immoler comme des agneaux, priant pour leurs ennemis.

L'on y voit d'un côté le chrétien de sang-froid,
Sans se plaindre, mourir victime de sa foi,
Levant les mains au ciel, sa charité sincère
Offrir pour ses bourreaux l'encens de sa prière;
Quand de l'autre côté l'horrible jacobin
Sur son frère enchaîné s'avance en assassin,
Enfonce le poignard; dans son regard farouche
Laissent lire : *Mandrin* ou le nouveau *Cartouche*.

42. Pour qui veut s'éclairer c'est un tableau parlant;
Il n'est que celui-là qui veut d'un Tamerlan
Partager les excès et l'humeur sanguinaire,
Qui puisse dire ici ne pas voir la lumière.

TUDEVAL en colère.

43. Joignez donc en vos mains, lorsqu'il vous est remi,
Au tableau si parlant, la Saint-Barthélemi,
Les Vêpres de Sicile, ainsi que les croisades;
Les faisant figurer aux côtés des noyades;
Là faisant de la foi le fidèle portrait,
De ses atrocités dites-nous le secret.

GASPARD.

44. Des secrets ! j'en connais, *Tudeval* s'y confie;
Il sait que, pour complaire à la philosophie,
On doit répondre *Amen* à tout ce qu'elle dit;
Que plus l'adepte est faux , scélérat ou bandit,
Et plus dans ses excès il est sûr de lui plaire;
Que sitôt au sortir d'assassiner son frère,
Il doit crier bien haut : O Cieux ! ce n'est point moi,
C'est la Religion , croyez-le ! c'est la foi....

Et lorsqu'on l'a comblé, ce scélérat, d'éloges,
Partout le même cri retentit dans les loges :
Qui l'a versé ce sang ? croyez-le ! c'est la foi :
Et de répondre *Amen* est si fort une loi ,
Tellement l'on a là sa liberté plénière,
Qu'un adepte imprudent qui dirait le contraire ,
Est sûr dès-lors partout de rencontrer la mort :
A ce prix toutefois l'on est un esprit fort.

TUDEVAL.

45. Mystifier le sage, est-ce là le confondre ?
    Par des propos en l'air pense-t-on lui répondre ?

GASPARD.

46. Tudeval , je le sais, comprend ce que je dis,
    Mais il aura trouvé mes discours trop hardis ;
    Sorti des lieux secrets de cette voûte sombre ,
    Errant partout ailleurs, il craint jusqu'à son ombre.
    Pourquoi craindre si fort, si l'on ne fait le mal ?
47. Dans toi-même rentré , crois-moi , cher Tudeval,
    Prends en main Marmontel, et lis dans ses Mémoires
    Si ce que je te dis sont des faits illusoires.
    Ailleurs (1), laissant au loin le terrein ennemi (2),
    Lis sans prévention la Saint-Barthélemi,
    Les croisades encor, les Vêpres de Sicile ;
    Et là tu le verras, qu'à ton esprit docile
    Va dans tout son éclat s'offrir la vérité.
    Tu comprendras alors que la malignité

(1) Dans d'autres ouvrages vraiment historiques.
(2) Les livres des philosophes , où tout est tronqué ou falsifié.

De l'histoire des temps faussant, tronquant le texte,
Fit que la foi toujours lui servit de prétexte
Pour satisfaire aux vœux de son ambition :
Mais que jamais les lois de la religion
N'approuvèrent ces vœux, ces projets sanguinaires ;
Que plutôt de ces lois les célestes lumières
Partout où put percer leur rayon innocent,
L'on vit que le mortel eut en horreur le sang.

48. La Saint-Barthélemi fit horreur à l'Eglise.

49. Les excès de Sicile, où la foi compromise
Prioit avec les siens aux pieds des saints autels,
Là, montreraient plutôt combien ils sont cruels
Ceux qui, frondent ses lois, méprisent ses maximes,
Puisque là ses enfans seuls furent les victimes.

50 Les croisades, l'objet de toute sa fureur,
Reprochent au méchant sa criminelle erreur ;
Encore ici la foi, de ces malheurs sans nombre,
Seule en étant l'auteur, les voile de son ombre,
Dit d'un ton triomphant ce suppôt des enfers.

51. Qu'en tous lieux les chrétiens gémissent dans les fers,
Qu'ils soient partout occis par centaines de milles ;
Que le Turc incendie et campagnes et villes,
C'est là du merveilleux aux yeux du mécréant,
Chez qui la foi des saints le cède à l'Alcoran.
Mais que des rois chrétiens, car c'est ainsi qu'il pense,
Puissent, ligués entr'eux, agir pour leur défense,
Dans sa philosophie il ne l'approuve pas ;
En lâche un roi chrétien doit subir le trépas,
Et souffrir que les siens meurent dans l'esclavage.

52. Annibal autrefois, pour défendre Carthage,

Porte la guerre au cœur de l'empire romain,
Par-là c'est un héros, c'est l'homme surhumain :
Mais qu'un roi des chrétiens que sa valeur entraîne,
En bravoure imitant ce brave capitaine,
Pense à briser ses fers, pense à sauver les siens,
Quel crime c'est aux yeux de ces nouveaux païens !
53. Comment donc de tels fous accorder le langage ?
Et la religion énerve le courage,
Diront-ils, si nos rois s'endorment dans la paix ;
Et si pour des méchans châtier les forfaits
Ils font gronder, partir la foudre menaçante,
Chez eux qu'est-elle alors ? cruelle, intolérante.

Ici une jeune enfant, de l'âge de cinq ans environ, suspend durant quelques momens l'attention de l'auditoire ; levant les yeux et les mains vers le ciel, elle fait entendre ce cri :

Ah ! que c'est beau !

LA MÈRE, qui est à ses côtés.

Qu'est-ce qui est beau ?

L'ENFANT.

Voyez !

LA MÈRE.

Je ne vois rien.

L'ENFANT.

Il tue.

LA MÈRE.

Qui est-ce qui tue ?

L'ENFANT.

Un grand homme bien beau; il a des ailes.

LA MÈRE.

Et que tue-t-il?

L'ENFANT.

Une grosse bête qui a des cornes; que j'ai peur! Il la tue avec une grande épée.

LA MÈRE.

N'aie pas peur, mon enfant; s'il la tue, elle ne te fera pas de mal cette bête.

L'ENFANT.

Elle ouvre une grande bouche qui a du feu.

LA MÈRE.

N'aie pas peur, elle ne te prendra pas.

L'ENFANT.

L'homme la tient avec une chaîne toute rouge.

LA MÈRE.

Raison de plus pour qu'elle ne te fasse pas de mal.

Tudeval qui voulait encore parler, entendant tout cela, n'en a pas la force, d'autant plus que l'enfant a montré de son côté ce qu'il voyait. — Ainsi que Gaspard, Tudeval avait reçu des principes religieux dans sa première éducation ; ces principes n'étant pas encore entièrement oubliés, tout ce qui se rattache à l'éternité le frappe encore. — Lucie, dans le dessein de continuer l'entretien, reprend ainsi :

54. La charité croit tout.....

BARTHÉLEMI.

55.   Finissons, le soleil
   Se dérobe à nos yeux, éclatant et vermeil,
   Quand la nuit prend son tour, vient, sous de sombres voiles,
   Orner le firmament d'éclatantes étoiles.
   A demain de reprendre, environné des miens,
   Touchant la charité, nos pieux entretiens.

Chacun se retire en silence.

DEUXIÈME ENTRETIEN.

Rien n'a été changé aux décorations. — Le même auditoire, plus nombreux encore que celui de la veille, s'est réuni à l'heure indiquée. — Parmi le nombre des recrues se trouve un athée de profession, nommé *Adrien*, et un calviniste, nommé *Letout*. — Barthélemi arrive et débute par l'apologue suivant :

1. Un sage chez les Grecs, de science profonde,
Pense de s'attacher, sur la terre et sur l'onde,
Des disciples nombreux, qui tous dignes de lui,
Puissent, par leur savoir, et lui servir d'appui,
Et devant l'univers illustrer sa mémoire,
Comme que chacun d'eux participe à sa gloire.
2. Grand nombre vient à lui pour répondre à son vœu,
Recueillir ses leçons ; mais il en reste peu.
3. Chacun est, je le crois, désireux de connaître
Quel motif souverain auprès du savant maître
Retient ce peu d'élus, l'y fixe constamment.
Ce motif part du cœur, il naît du sentiment,
Chacun l'aimant croit voir, sur son front l'auréole ;
Alors mû par le cœur il croit à sa parole.
4. De la haine ou l'amour naît la prévention :
Dans l'un ou l'autre sens, alors la passion
Agissant sur le cœur, rend tout couleur de rose,
Ou noir comme l'enfer, soit l'homme, soit la chose.
Selon que dans son cœur chacun est affecté,
D'horribles préjugés, son esprit infecté,
L'un condamnera tout, tout jusqu'à l'héroïsme,
Quand l'autre approuve tout, tout jusqu'au pyrrhonisme.

5. Ainsi donc du savoir est jeté le ferment;
   La foi vive du cœur suit son épanchement;
   La leçon qui nous vient d'un maître que l'on aime,
   L'on y croit fermement, cent fois plus qu'à soi-même.

6. Ce que j'avance ici fut si constamment vrai
   Touchant le savant grec dont je cite le trait,
   Que bien long-temps après qu'il eut cessé de vivre,
   Ses disciples chéris n'avaient qu'un mot à dire,
   Pour aussitôt entr'eux voir renaître la paix.

7. Quel est-il donc ce mot, célèbre à tout jamais?
   C'est : *le maître l'a dit*. Dieu! quelle obéissance!
   Ce seul mot, à l'instant, réduit tout au silence.

8. Tel donc ce qui se passe à l'égard d'un païen :
   Et chez nous, ô douleur! et chez nous, le chrétien,
   Dans sa foi touchant Dieu conserve encor un doute;
   Pour plier sa raison, il dira qu'il en coûte.
   Qu'est-ce à dire par-là? c'est qu'il ne l'aime pas.

9. Chez des païens un mot met un terme aux combats,
   Et chez nous malheureux, c'est toujours la dispute,
   De nos cœurs désunis, l'interminable lutte.

10. *La charité croit tout*, tel nous l'enseigne *Paul*;
    Et nous, grands criminels, nous n'écoutons que *Saul*,
    Qu'un *Saul* persécuteur, contre nos saints mystères
    Dirigeant en secret ses critiques amères;
    Qu'un *Saul* qui, tout ainsi que lui-même l'écrit,
    Va jusques dans Damas poursuivre Jésus-Christ;
    Et qui, lorsque sa foi vient arguer la sienne,
    Furieux va garder les vêtemens d'Etienne
    Que lapide, en son nom, la troupe d'assassins
    Qu'on a vus, pour lui plaire, entrer dans ses desseins (1).

(1) Ce n'est pas à dire pour cela qu'il ait été le moteur.

11. La charité croit tout : si donc, plein d'un saint zèle,
Ma foi, devant mon Dieu, n'est pas universelle
Dans son dogme sacré comme dans l'action,
Alors la foi dans moi n'est qu'une illusion.
Et ma foi n'est ainsi, dans mon erreur extrême,
Que parce qu'il est faux que, craignant Dieu, je l'aime
De cette charité dont le feu surhumain
Nous rend humbles de cœur, et forme en nous le saint.
12. Sans cette charité, qu'un pécheur puisse croire,
C'est alors la foi morte, hypocrite, illusoire,
Qui ne saurait suffire à sauver des enfers
L'âme que le démon y conduit dans ses fers.

L'ATHÉE ADRIEN.

13. A toutes ces raisons je ne saurais me rendre.
Le sage ne croit rien qu'il ne puisse comprendre.
Est-ce donc que séduit par quelques faux appâts,
Moi, je croirais un Dieu que je ne comprends pas ?
Devrait-on à ce prix m'appeler un athée,
Je ne soumettrai point ma raison, ma pensée
A dire qu'il existe, ou qu'il n'existe pas.
14. Consultant ma raison, la suivant pas à pas,
Je soutiendrai plutôt, avec un Epicure,
Que ce vaste univers, et toute la nature,
N'en déplaise au chrétien, n'en déplaise à Gaspard,
Sont sortis du néant par l'effet du hasard.

GASPARD.

15. Quoi ! sous l'ère des saints, dans le christianisme,
O Cieux ! entendre encor professer l'athéisme !

De tes folles erreurs entr'ouvrant l'arsenal,
Viens donc, fier Adrien, réponds-nous bien ou mal!

TANTE LOUISE.

16. Pourquoi donc l'écouter? c'est trop d'honneur lui faire;
    Plutôt avec dédain renvoyons-le à Voltaire :
    Il apprendra de lui qu'un athée en fureur
    Est plus à redouter que ne l'est un voleur;
    Que c'est un assassin, un scélérat, un traître,
    Qui, pour un denier d'or fera périr son maître;
    Un traître à qui jamais nul ne doit se fier,
    Lorsqu'il vous pilera comme dans un mortier,
    Fussiez-vous son ami, ou son père, ou sa mère,
    Soudain que va parler son humeur sanguinaire,
    Ou qu'un vil intérêt va sourire à ses yeux,
    Qu'en sa propriété de l'avoir envieux,
    Cannibale achevé, nouvel anthropophage,
    Dans son cœur de lion va renaître la rage.

17. Dans un passage étroit par malheur engagé,
    Vous redoutez la dent de ce dogue enragé
    Qui s'élance sur vous tout écumant de rage :
    Celui-ci n'est-il pas à craindre davantage,
    Lorsque d'un coup de dent, vous jetant chez les morts,
    Il y pousse à la fois votre âme et votre corps?

BARTHÉLEMI.

18. Il faut avoir pitié de l'homme qui s'égare;
    Le Scythe, le Germain, le Grec et le barbare,
    Tous au sang du Sauveur ont une égale part;
    Laissons donc par pitié, laissons parler Gaspard.

GASPARD.

19. L'attaque d'Adrien a pour objet deux choses :
    Craignant, par les effets en remontant aux causes,
    De rencontrer partout la main d'un Dieu vengeur,
    D'abord son cœur ingrat nie un Dieu créateur.
    Ensuite, et pour s'asseoir sur quelque conséquence
    Qui puisse lui servir à voiler sa démence,
    Sur l'aile du hasard , au bruit de cent échos,
    Il vous fait s'élancer le monde du cahos.
20. Pour l'honneur de la foi, le ciel nous y convie,
    Combattons d'Adrien cette double folie.

LUCIE.

21. L'insensé dans son cœur, dit David en son lieu,
    Pour vivre en criminel, dit qu'il n'est pas de Dieu.

GASPARD.

22. L'insensé, c'est bien dit, pour peindre la folie,
    Les stupides écarts de quelqu'un qui s'oublie.
    Il l'a dit dans son cœur, non pas dans son esprit,
    Qui n'en convint jamais, ainsi qu'il est écrit.
23. On pourrait adopter de semblables blasphèmes,
    Quand tout le genre humain, quand les païens eux-mêmes,
    D'un ton si solennel l'ont dit à l'univers,
    Que soit chez le voleur qui gémit dans les fers,
    Soit chez les assassins, chez même un régicide,
    Jamais chez aucun d'eux, fût-ce le plus stupide

Nul ne s'est rencontré qui, regardant les cieux,
Ne se soit vu forcé de croire au Dieu des dieux?
Il ne se peut alors qu'il ne le reconnaisse,
Qu'il est un Créateur, et qu'il ne le confesse;
Car comment voir au ciel mouvoir ces grands ressorts,
Dans un ordre parfait s'ébranler tous ces corps,
Sans voir ou supposer d'un Dieu la main puissante
Qui les règle ces corps dans leur marche constante?

ADRIEN.

24. N'ai-je donc point en moi, pour flambeau, ma raison,
Pour aller chez autrui, rechercher le poison?
Tout ce que l'on pourra me raconter des autres,
Soit du Grec, du Romain, du Juif ou des Apôtres,
Disons-le même encor, fût-ce de Jésus-Christ,
Tout cela, tous ces traits, changent-ils mon esprit?
Cessé-je, pour cela, toujours d'être moi-même?
Chacun, nous a-t-on dit, croit au maître qu'il aime:
A ce point je souscris, et mon maître c'est moi;
Je serai donc moi seul l'arbitre de ma foi.

Ici le calviniste Letout incline à plusieurs reprises la tête, en signe
d'approbation, ayant le sourire sur les lèvres, et la joie peinte dans
les yeux; et Tudeval se lève pour répondre :

25. Tes propos, Adrien, sont par trop téméraires;
Quoi! de tous nos savans repousser les lumières!
C'est trop impudemment afficher son orgueil,
Avec Satan donner contre un funeste écueil,
Qui le fit autrefois, lui, sa nombreuse armée,
Tomber, tel est l'éclair, sur la terre alarmée,
Et de là, s'abîmer jusqu'au fond des enfers.

26. Crois-moi, cher Adrien, n'aille pas des pervers

Suivre les erremens et la doctrine impie !
Au sang-froid ramené, que ta philanthropie
Te le fasse du moins, instruit à ta façon,
Du rigoureux bon sens recevoir la leçon.

27. Cette barque, à tes yeux, qui sur les ondes flotte,
Ne te fait-elle pas supposer un pilote,
Lorsqu'avec tant d'adresse elle évite l'écueil ?
Ne serais-tu donc pas stupide en ton orgueil,
De ne pas l'avouer en face de toi-même ?
Tel le fait le savant lorsque lui-même il s'aime.

28. Mais sous tes yeux encor, vois-tu ce balancier,
Qui dans son mouvement agile et régulier
A chaque instant du jour vient te marquer les heures,
Lorsque, fuyant au loin leurs champêtres demeures,
Les pâtres vont de l'œil les compter dans les cieux ?
Dis-moi, cher Adrien, est-ce donc qu'à tes yeux
Là ne s'admire pas, dans ce travail immense,
L'action d'un esprit doué d'intelligence ?
De même, en contemplant, dans ce vaste univer s,
L'un dans l'autre engrainés, ces rouages divers,
Aux yeux de ton esprit, crois-tu donc raisonnable,
De dire que ce monde, où d'un ordre admirable,
D'un ensemble parfait s'observent tant de loix,
Où l'être raisonnable est libre dans son choix,
Ne serait pas régi par une providence
Dont l'amour, la sagesse égalent la puissance ?

ADRIEN.

29. Je me tais là-dessus, pour répondre à Gaspard :
Créant cet univers, quand je vis le hasard

L'élancer du cahos dans sa forme accomplie ,
Ne l'entendis-je pas m'accuser de folie ?
Qu'il ose donc prouver, le si mordant Gaspard,
Qu'aux yeux de la raison il est nul le hasard !
Comment serait un sot, celui qui d'Epicure
Suivrait l'opinion exempte de censure ?
Quoi ! ce système hardi, de tous temps les savans,
Les Grecs et les Romains, les morts, les survivans,
Ne l'ont-ils pas rendu célèbre à tous les âges ?
N'en ont-ils pas classé l'auteur parmi les sages ?

GASPARD.

30. C'est la première fois, ô perfide Adrien !
Que mon oreille entend de la part d'un chrétien,
Avec autant de front, qualifier de sage
Le chef de l'athéisme et du libertinage ;
D'un air si déhonté dire que le savant,
Comme un être accompli dut le prôner souvent.
31. C'est heurter la raison sur laquelle on s'appuie ;
« C'est placer l'anneau d'or au museau de la truie (1). »
Car quel siècle, grand Dieu ! soit ancien, soit nouveau,
Vit en traits plus marqués l'image du pourceau ?
Quel autre, si ce n'est celui d'un Epicure,
La montra mieux qu'en lui peinte d'après nature ?
32. Ensuite de Gaspard, que réclame Adrien ?
Je l'entends s'écrier, ce Sbire au nom chrétien :
« Ose-le donc, Gaspard, armé contre l'impie,
« Ose donc l'attaquer dans sa philanthropie,

____

(1) *Prov.*, XI, 22.

« Pour avoir avancé qu'au bruit de cent échos,
« Le hasard fit sortir le monde du cahos,
« Afin de l'établir dans cet ordre admirable,
« Où toujours l'harmonie est touchante et durable!»

33. Répondons au défi! faisons-le sans aigreur;
Dévoilons d'Adrien cette stupide erreur
Qui pourrait bien parfois surprendre un cœur volage,
Mais qui n'obtint jamais que la pitié du sage!

34. Contemplez le hasard, cet étonnant héros,
Sérieux et pensif, penché sur le cahos!
Là chacun, et bientôt, va le voir par soi-même,
Combien flatte l'esprit cet étonnant système.
Lorsqu'il va tout créér avec ordre, avec art,
Il verra s'il est sage et fécond le hasard.

35. Il parle, au même instant, les atomes à croche,
A sa voix rassemblés, sitôt forment la roche,
Les monts plantés debout, le système pierreux.

36. Combien ce coup d'essai rend le hasard heureux!
Il parle; à cette fois va se former la terre;
Les atomes fourchus, foulés par le tonnerre,
Par les vents, par la foudre aux éclats rayonnans,
Aussitôt réunis forment les continens.

37. Mais, Cieux! comment former et les mers et les ondes,
En même temps, les rendre en habitans fécondes?
Comment encor former les forêts, les déserts,
Et tous portant des fruits, cent mille plants divers?
C'est fait; l'heureux hasard armé de sa puissance,
Se pressant les deux flancs, souffle avec violence,
Et sitôt du cahos, les atomes obtus,
Les atomes oblongs, arondis et pointus,

Courent tous se ranger les uns auprès des autres ;
Ainsi naissent les mers, et mes plants et les vôtres.

38. Mais tout n'est pas fini ; comment les éléphans
Vont-ils naître à la vie, et *du rien* triomphans ?
Attendez ! le hasard est d'une adresse extrême :
On le voit un instant se consulter lui-même ;
Puis, du vaste cahos ébranlant les ressorts,
Des atomes carrés il en forme le corps ;
De l'atome efflanqué, des atomes à crête,
Il en forme à la fois et la trompe et la tête,
Le sang, le fiel, le cœur, les jarrets curieux,
En leur ordre rangés, les sourcils et les yeux ;
Lorsque par les autans sa puissance servie,
Il le fait respirer, lui donne enfin la vie.

39. De la création tel est tout le secret ;
Pour créer tout le reste, il suffit d'un décret.
On sait bien que le fer sert à former l'enclume,
Qu'à l'autruche, aux oiseaux, il faut l'aile et la plume,
A l'homme, pour parler, qu'il lui faut la raison ;
Patience un moment ! tout vient dans sa saison.

40. Du livre du hasard parcourant les chapitres,
Arrêtez, et voyez ces tas d'écailles d'huîtres ;
Eh bien ! d'un de ces tas, Adam, en sa saison,
Naquit, ainsi qu'il est, doué de la raison ;
Là, les oiseaux divers rencontrèrent leurs plumes,
Là fut créé le fer qui forme les enclumes,
La chaîne des forçats, les clous et les marteaux ;
Là naquirent enfin tous les autres métaux.
Et qu'on se garde bien de dire le contraire,
Si l'on pense des fous d'éviter la colère !

Ici Adrien n'y tient plus ; il prend précipitamment la fuite, écu-

mant de rage ; le rire général de l'auditoire sur tout ce ridicule,
semble l'avoir mis hors de lui-même.

Le calviniste Letout, qui jusque-là avait gardé le silence, prend
la parole, et dit :

41. L'incrédule voudrait, par ses mille en-dessous,
   Nous faire partager l'illusion des fous.
   Depuis long-temps déjà l'on sait que l'athéisme,
   La secte d'Epicure et son philosophisme,
   A jamais confondus, ne sont plus de saison,
   Qu'ils blessent le bon sens, torturent la raison :
   Mais, parmi nous chrétiens, c'est un autre langage
   Qui jette nos esprits dans un autre esclavage,
   Qui voudrait, en tyran nous chargeant de ses fers,
   Retracer parmi nous l'image des enfers.

42. N'a-t-on pas prétendu que tous nous devons croire
   Ce que l'Eglise croit? quoi de plus illusoire!
   Que Jésus sur l'autel, là, dans un sacrement
   Réside, et que l'on doit le croire fermement;
   Que l'on doit adorer, et d'une âme attendrie,
   L'image ou le portrait de la vierge Marie;
   Enfin que, des païens ressuscitant les lois,
   Il le faut avec eux adorer, l'or, le bois!
   Il faudra croire encor qu'il est un purgatoire,
   Où sont nos devanciers, placés loin de la gloire;
   Qu'ils sont là gémissans, jusqu'à ce que l'époux
   Délivre son Esther, dont il fut si jaloux,
   Et le fils ses parens, par des larmes versées,
   Par le pauvre assisté, des tombes encensées,
   Et surtout par la voix du prêtre au saint autel,
   Pour victime immolant son fils à l'Eternel.

TANTE LOUISE.

43. Quelle horreur! quoi! toujours entendre des blasphêmes!
    Les hommes donc, grand Dieu! ne sont-ils plus les mêmes,
    Les mêmes qu'autrefois, quand dans nos temples saints
    Ils adoraient Jésus, et n'étaient pas si vains;
    Quand, simples dans leur foi, sans craindre la surprise,
    On les voyait dans tout se soumettre à l'Eglise?
    Quel esprit les tourmente? à quoi prétendent-ils?
    Veulent-ils ramener l'époque des Gentils?
    A leur voir contre Dieu cette haine exécrable,
    Ne les croirait-on pas tous possédés du diable?
    De voir leurs actions, d'entendre leurs discours,
    On est plutôt tenté de les croire des ours,
    Que cet homme sur qui Dieu grava son image,
    Auquel il destina l'immortel héritage.

BARTHÉLEMI.

44. Lorsque Dieu, chère tante, à l'égard des mortels
    Se montre patient, lui le Saint, l'Eternel,
    Comment donc le chrétien ne l'est-il pas lui-même,
    Lui la fragilité, lui la misère extrême,
    Qui, tel est le premier, enrichi de ses dons,
    Ici-bas, comme lui, ne vit que de pardons,
    Ayant tous en Adam une même origine?
45. Ah! bénissons plutôt cette bonté divine,
    De nous avoir fait naître aussi loin des païens,
    Dans le sein de l'Eglise, et de parens chrétiens.
46. Celui qui naît, hélas! de parens hérétiques,
    Qui suce avec le lait ces odeurs méphitiques

Qu'autour d'elle répand de sa bouche l'erreur,
Dans cet état de mort, plus est grand son malheur,
Plus dans la charité, plus nous devons le plaindre :
Tout ainsi que toujours chacun de nous doit craindre,
Qu'infidèle à la grâce, égaré par l'orgueil,
Il ne donne à son tour contre le même écueil.

TANTE LOUISE.

47. Pour cela faudra-t-il aprouver l'hérésie,
Et déclarer la guerre à Jésus, à Marie ?
A la face des Cieux, violant son serment,
Faudra-t-il outrager l'auguste sacrement ?
De la Reine des saints fouler aux pieds l'image ?
Prêts à servir en tout le démon dans sa rage,
De l'Eglise de Dieu foulant aux pieds les lois,
Faudra-t-il donc encor jeter au feu les croix ;
Et touchant nos défunts, niant le purgatoire,
Nous rire de leurs pleurs, outrager leur mémoire ?

BARTHÉLEMI.

48. Ce n'est pas, chère tante, applaudir à l'erreur,
Que de s'apitoyer sur le sort du pécheur,
Lorsque l'errant n'est pas le crime qu'il adore ;
Que le pécheur peut bien se convertir encore ;
Et se convertissant au Dieu de vérité,
Pour lot avoir encor l'heureuse éternité.

LETOUT.

49. Il faut, si j'ai péché, que je m'en humilie.
Disciple de Calvin, je n'ai pas la folie

De le croire doué d'infaillibilité....
Quand ici j'aperçois autant de charité,
Sur le sort d'un mortel qui reçut de ses pères,
Peut-être avec l'erreur, les plus fausses lumières,
A déserter Calvin je suis donc résolu;
Je ne m'en remets plus à ce maître absolu,
S'il m'est assez prouvé que dans le calvinisme
L'on méconnaît les lois du vrai christianisme.
En ce cas même alors, et sans plus de retard,
Converti, je me rends à la foi de Gaspard,
Mon parent, mon germain, l'ami de mon enfance,
Pour avec lui n'avoir qu'une même croyance.
Que je sois donc instruit sur cette autorité
Qu'on vous dit enseigner toujours la vérité!
Pouvoir, selon Calvin, qui tient l'âme asservie,
Qui fait périr en nous le germe de la vie,
Par-là, donnant la mort à notre liberté,
Sous le prétexte faux d'amour de charité.

BARTHÉLEMI.

50. Vous faire en un instant l'histoire de l'Eglise,
Même la commencer, quelle folle entreprise!
De tant de questions en reprenant le cours,
Sur chacune il faudrait vous faire un long discours;
Dès-lors nos entretiens seraient interminables.
51. Vouloir trop embrasser, nous serions condamnables,
Lorsque par-là, dès-lors, l'on ne finirait rien.
Dans tout il faut bien faire et faire le tout bien,
Telle fut de tout temps des sages la maxime.
Si trop s'étendre est mal, gardons-nous d'un tel crime,

7

I

N'allons pas faire outrage à la foi de plusieurs,
Sans cesse sous leurs yeux ressassant les erreurs!

52. *Letout* a dans *Gaspard* son ami de l'enfance,
Un amour tendre et vif, une ample confiance;
Cet ami peut lui-même aisément l'éclairer.
Qu'il daigne donc le faire! et j'ose l'espérer,
Qu'avant que le soleil, parcourant sa carrière,
Nous ait encor cent fois ramené sa lumière,
Le vif rayon des cieux, dans l'âme de *Letout*
S'étant fait jour enfin, alors il croira tout.

53. Pour moi, quand le Nantais, aux rives de la Loire,
Sur un sol enchanteur m'offre un autre auditoire,
Que là sont réunis des citadins nombreux,
Je dois, sans plus tarder, voler au milieu d'eux.

FIN ORAGEUSE.

On dirait que Barthélemi, accoutumé à étudier le jeu des passions humaines, avait pressenti ce qui devait arriver; car à peine a-t-il achevé de parler, qu'un coup de feu s'est fait entendre; c'est le malheureux Adrien qui vient, écumant de rage, à la tête d'une troupe armée, dans le dessein de tirer vengeance du prétendu outrage qu'il croit avoir reçu. — Des cris furibonds remplissent les airs. — Cette bande, de plus de cent hommes, avance précipitamment. — Aussitôt chacun des auditeurs, saisi d'effroi, prend la fuite. — Barthélemi est lui-même dans la résolution d'attendre cette troupe furibonde, dans la persuasion où il est qu'ils n'ont pas d'autres desseins que celui d'effrayer. — Son frère, Gaspard et Tudeval veulent rester à ses côtés pour le défendre en cas d'insultes; mais il les engage à se retirer eux-mêmes, par la crainte qu'il ne leur en mésarrive. — Et vous, lui répondent-ils, n'avez-vous pas autant à craindre que nous? — Moi, reprend Barthélemi, je compte sur l'assistance de celui de qui je défends la cause, et sur la protection de Marie. — Etant donc resté seul, il va à la rencontre de cette troupe furieuse. — Quelqu'un de la bande le voyant venir, crie aussitôt, il faut le tuer! Non, répond Adrien leur chef, il ne nous a fait aucun mal.

BARTHÉLEMI.

Quel est donc votre dessein?

ADRIEN.

Vive la liberté! à bas les jésuites!

BARTHÉLEMI.

Est-ce donc bien là la liberté, de venir surprendre, les armes à la main, des gens qui ne vous font aucun mal?

ADRIEN.

Ce sont des jésuites.

BARTHÉLEMI.

Etre jésuite, serait-ce donc de croire en Jésus-Christ?

ADRIEN.

Ils veulent me forcer de croire.

BARTHÉLEMI.

Qui donc veut vous forcer de croire?

ADRIEN.

Gaspard; où est Gaspard?

BARTHÉLEMI.

Gaspard ne vous a fait aucun mal, il a défendu sa

cause comme vous avez soutenu celle que vous croyez
être la vôtre. S'il y a un coupable, c'est moi, c'est à moi
seul que vous devez vous en prendre.

ADRIEN.

Vous, vous faites votre métier.

BARTHÉLEMI.

Appeler le ministère que j'exerce, métier ou état,
n'importe : je m'efforce de remplir les devoirs qu'il
m'impose ; mais Gaspard, quel mal vous a-t-il donc fait ?

ADRIEN.

Il m'a traité de fou.

BARTHÉLEMI.

Eh ! n'en faites-vous pas chaque jour autant à l'égard
de ceux qui croient en Jésus-Christ ?

ADRIEN.

Il faut qu'il meure de ma main.

BARTHÉLEMI.

Vous avez trop d'honneur pour vouloir vous porter
à de pareils excès ; d'ailleurs la liberté que vous procla-
mez si haut, ne demande-t-elle pas qu'on laisse chacun
libre dans sa croyance ?

ADRIEN.

On ne veut pas me la laisser la liberté, puisqu'on
veut me forcer de croire.

BARTHÉLEMI.

Vous êtes venu librement, vous vous êtes retiré de même; personne ne s'est présenté les armes à la main, pour vous forcer de venir, ni pour vous forcer de rester ou de vous retirer.

ADRIEN.

Il faut que Gaspard me rende raison.

BARTHÉLEMI.

Tel déjà il l'a fait, il vous rendra raison avec les armes de la parole et de la persuasion, comme il convient à des âmes honnêtes et bien nées, ainsi que vous êtes l'un et l'autre.

Cependant la troupe de forcenés se précipite sur les tentes, où elle brise et renverse tout, sans qu'il soit possible à Adrien leur chef, de les en empêcher, si dangereux il est de soulever les masses.

Adrien, honteux de son équippée, se retire alors, et tout finit par-là.

FIN DU TROISIÈME LIVRE.

DE LA CHARITÉ.

LIVRE QUATRIÈME.

ENTRETIEN UNIQUE.

Barthélemi est de retour de ses courses apostoliques. — Le lieu de la réunion est à domicile, dans une vaste pièce, propre, mais sans aucune espèce d'ornement, si ce n'est un Christ plaqué contre la muraille dans l'enfoncement, ayant à sa droite un tableau représentant Marie, et à sa gauche un autre représentant saint Michel lorsqu'il terrasse le dragon. — Tudeval, après beaucoup de travaux, de démarches et de peines, a réussi, durant l'intervalle qui s'est écoulé depuis le dernier entretien, à adoucir la fureur du lion, dans l'athée Adrien. — Il a même été assez heureux pour le réconcilier avec Gaspard. — Durant ce même intervalle, Gaspard a été assidu auprès du calviniste Letout, qui a vu enfin la lumière. — L'auditoire est le même qu'il était au dernier entretien, si ce n'est qu'un étranger, nommé Colard, est venu s'y adjoindre avec son épouse. — Tous étant donc réunis, le calviniste Letout demande et obtient de parler le premier. — Il débute ainsi :

1. Au Dieu des immortels que grâces soient rendues !
   Tes erreurs, ô Calvin ! sont en moi confondues ;
   J'ai vu d'un œil ravi la foi brisant mes fers,
   De son bras triomphant les poursuivre aux enfers,
   D'où, pour me perdre, hélas ! elles étaient sorties.
2. Sous le masque du vrai, à mes yeux travesties,
   Ces filles de l'enfer, s'agitant dans mon cœur,
   Tous les jours plus avant me poussaient dans l'erreur.

3. O cher ami *Gaspard!* que de reconnaissance
Je te dois désormais pour autant d'indulgence,
Pour cette charité, qui te firent en moi
Supporter si long-temps mes délais dans la foi!
4. Je n'ai plus de l'erreur à craindre la surprise,
Lorsque, touchant ma foi, j'ai pour guide l'Eglise.
5. Salut, divin flambeau! fanal de vérité!
Le frein, le désespoir de l'enfer irrité,
Dont toutes les fureurs, dont la rage impuissante
N'altéreront jamais la lumière éclatante.

TANTE LOUISE.

6. A cette Eglise sainte, à son autorité,
Vous croyez donc, *Letout*, avec sincérité?

LETOUT.

7. Oui, fermement j'y crois, et la crois nécessaire
Pour de la foi garder l'unité de lumière.
Comment, Cieux! se put-il, quand Luther et Calvin
Dans les cœurs dépravés semèrent leur venin,
Bien que semé par eux, par une main adroite,
Que cette erreur surprît alors une âme droite,
Quand pour la foi déjà dans le vieux Testament
L'on ne saurait fixer ou marquer un moment,
Où cette autorité, règle de la parole,
A toute âme de foi ne servît de boussole (1);

(1) Dans la loi de nature cette autorité infaillible résida dans les patriarches; dans la loi écrite ce fut dans les prophètes, puis dans la synagogue dont parle Jésus-Christ, lorsqu'il dit : *Ils sont assis sur la chaise de Moïse, faites tout ce qu'ils vous diront;* Jésus-Christ, la vérité incarnée, n'aurait pu tenir ce langage si cette autorité avait pu errer prononçant sur la foi et les mœurs.

Lorsqu'on ne put jamais concevoir l'unité
Sans le secours divin de cette autorité;
Quand la religion vers ce seul point entraîne,
Que sans cela du mot l'exception est vaine (1)?

8. Ah ! protestant ! lis donc les œuvres d'un Huet !
Celles d'un si grand prix, du savant Bossuet !
Surtout de ce dernier, si fécond en lumières,
Lis le court exposé de nos plus saints mystères,
Et son traité fameux *des Variations:*
Là, tu pourras le voir, de nos illusions,
De nos folles erreurs le confus assemblage,
Et si tôt à la foi tu viendras rendre hommage.

9. Là tu le comprendras, tu le verras comment
Le Fils de Dieu réside au divin Sacrement,
Et combien devant Dieu notre ame est criminelle,
D'attaquer, de nier la présence réelle.

10. Tu le diras alors, plein d'admiration:
Dieu nourrit autrefois plus d'une légion
Sur un mont escarpé, dans un désert immense,
Multipliant les pains par sa toute-puissance;
Par ce même pouvoir, ne le peut-il donc pas,
Au divin Sacrement, dans ce lieu de combats,
De même nous nourrir de sa propre substance,
Afin d'unir nos cœurs à sa divine essence?

11. Si le Dieu d'Abraham, d'Isaac, de Jacob,
Eût encor pu nourrir, avec le corps de Job,

______

(1) Le mot religion vient d'un mot latin qui signifie lier, jusqu'à deux ou plusieurs fois, différens objets pour en faire un seul tout. Dès-lors tout ce qui ne ramène pas à l'unité de croyance, n'est plus religion, par-là qu'il n'y a pas d'unité dans la foi.

Ses serviteurs nombreux, chez qui leur amour tendre
Leur fit dire ces mots qu'on a peine à comprendre :
Ah! qui nous donnerait de vivre de ses chairs (1)!
Le même Tout-Puissant, le Dieu de l'univers
Ne le peut-il donc pas par sa toute-puissance,
De même nous nourrir de sa propre substance
Pour rendre notre bras redoutable aux enfers ?
Ne peut-il pas de même en nourrir l'univers,
Tous les peuples épars sur la terre et sur l'onde,
Et cela jusqu'au jour où doit finir le monde ?

12. Lorsque j'ai dit ces mots : *Je crois au Tout-Puissant;*
Que le pouvoir de Dieu sous mes yeux agissant,
Par un premier miracle aussitôt me l'atteste,
M'en coûte-t-il alors pour que je croie au reste ?
Quand donc je vois Jésus, le Fils de l'Eternel,
Multiplier les pains pour nourrir le mortel,
Aussitôt je comprends que son pouvoir immense
Peut aussi me nourrir de sa propre substance (2).

13. Il le peut, il le fait, et le fait chaque jour,
Par l'effet merveilleux de son divin amour;
Il le fait dans la foi, pour que dans l'innocence
Le chrétien participe à sa divine essence (3).

(1) Sans doute que Dieu aurait pu multiplier dans ses mains toutes-puissantes le corps de Job, comme il multiplia en ses mains le grain de blé sur la montagne, et cela jusqu'à l'infini, pour en nourrir le monde; mais à quoi aurait servi cette nourriture sous les rapports de la vie éternelle, ce corps n'étant pas uni à la Divinité, en qui seule est la vie spirituelle des âmes ?

(2) Et si Jésus-Christ ne pouvait pas en agir ici sur son propre corps comme il la fait sur le grain de froment, il ne serait plus alors le tout-puissant.

(3) 2 *Petr.*, I, 4.

L'Ecriture et l'Eglise, auguste autorité,
Nous font un point de foi de cette vérité.

TANTE LOUISE.

14. *Letout*, mon cher *Letout*, ah! que j'aime à t'entendre!
Non, ce n'est point la chair qui te l'a fait comprendre,
Ce mystère divin, ce sacrement d'amour,
Mais bien le Dieu du ciel, de qui tu tiens le jour (1).

LETOUT.

O coupable Calvin ! par quelle autre furie,
Te vois-je encor t'armer si fort contre Marie,
Te vois-je l'attaquer jusques dans son portrait !
Qui donc te l'enseigna, qu'un chrétien l'adorait,
Tel on adore un Dieu, cette Vierge bénie?
Son culte n'est-il pas celui d'*hyperdulie* (2)?
Culte unique, il est vrai, pour la Reine des cieux,
. Par où l'humble chrétien l'honore en ces bas-lieux ;
Mais cela prouve-t-il que notre foi l'adore?
15. Comme mère de Dieu quand notre foi l'honore,
Calvin nous dirait-il ce que c'est qu'honorer?
Ciel ! honorer un saint, est-ce là l'adorer,

(1) *Matth.*, XVI, 17.

(2) Du grec *huper*, au-dessus, et *douleia*, culte, vasselage ou
servitude ; c'est-à-dire culte au-dessus de celui que nous rendons
aux anges et aux saints, mais infiniment au-dessous de celui que nous
rendons à Dieu, que seul nous adorons du culte de *latrie*.

Qu'on l'honore en lui-même, ou bien dans son image (1)?
16. Nouvel *Iconoclaste* (2), où te conduit ta rage?
On le voit, tu voudrais te faire un dieu de toi,
Quand tu viens te placer au-dessus de la foi (3).
N'en est-il pas ainsi quand tu veux, pour ta gloire,
Que tout vienne à tes pieds s'agenouiller et croire;
Soit quand tu nous diras jusqu'à cent et cent fois
Qu'en tous les lieux, partout l'on doit briser les croix;
Soit quand tu t'écriras : que l'homme est idolâtre,
Priant devant un Christ d'or, d'argent, ou d'albâtre,
Persuadé par-là qu'il doit fléchir les cieux ;
Ou quand tu soutiendras, apostat orgueilleux,
Que la foi du chrétien condamne un purgatoire;
Quand tu veux que l'enfant insulte à la mémoire
De son père défunt, en proie à la douleur,
Qui lui fait expier quelques restes d'erreur?
17. Que le Texte sacré nous dise le contraire!
Que tous les saints docteurs, l'Eglise nôtre mère,
S'accordent là-dessus avec nos Livres saints!
N'importe, il faut offrir les honneurs souverains
Au docteur qui vous parle avec tant d'arrogance;
Au chanoine apostat soumettre sa croyance;

(1) Ce qui n'est en ce cas qu'un culte relatif, c'est-à-dire qui se rapporte à l'objet de notre vénération, n'attachant aucune vertu à cette statue ou à cette image qui représente l'objet, mais la reconnaissant, cette vertu, dans l'objet lui-même représenté par l'image.

(2) C'est-à-dire briseur d'images.

(3) C'est-à-dire, nouveau Lucifer, t'établir en la place de Jésus-Christ, au-dessus des astres de Dieu; et t'asseoir sur la montagne de l'alliance aux côtés de l'aquilon (*Isaïe*, XIV, 13.); en un mot, te faire croire toi seul plus sûr, plus infaillible que l'Eglise de Dieu.

Quelque sûr que l'on soit que ce tison d'enfer,
Ce tortueux serpent, cet autre Lucifer,
Ne trompera jamais que celui qui veut l'être;
Tel au dernier des jours nous pourrons le connaître.

Madame Colard qui va nous apprendre ici ce qu'elle est, quelle est la religion qu'elle professe, se lève. — Je ne suis point poète, dit-elle, mais qu'il me soit permis de répondre à *Letout* dans le langage ordinaire. — Il se fait aussitôt un grand silence; on permet à ma-dame Colard de répondre dans la langue qui lui convient, et elle commence ainsi :

18. *Letout* , je vous croyais un honnête homme.

LETOUT.

19. Je crois en effet, madame, ne l'avoir pas été jus-qu'à ce jour autant que j'aurais dû l'être ; mais qu'en-tendez-vous, je vous prie, par un honnête homme, dans l'apostrophe vive que vous m'adressez ?

MADAME COLARD.

20. J'entends que celui qui est né dans une religion ne doit point en changer; qu'il doit y vivre et y mourir; ainsi, vous êtes né calviniste, vos pères sont calvinistes, et vous pensez d'abandonner la religion protestante pour vous faire catholique, comme on peut en juger par ce qu'on vient d'entendre; vous n'êtes donc point un hon-nête homme.

LETOUT.

21. Pour moi, madame, j'appelle honnête homme ce-

lui qui abjure l'erreur et embrasse la vérité après avoir connu l'une et l'autre; tout ainsi que je regarderais comme un fort malhonnête homme celui qui, connaissant l'erreur, persiste à la défendre au préjudice de la vérité.

MADAME COLARD.

22. Est-ce donc que la doctrine de Calvin n'est pas la vérité?

LETOUT.

23. Quelle autorité est là pour l'attester, lorsqu'il a déserté l'Eglise de Dieu, qu'il a abjuré la seule autorité sur terre qui puisse assurer l'homme qu'il marche dans la vérité? D'un autre côté, d'après les principes de Luther et de Calvin lui-même, chacun étant juge de la parole de Dieu, à plus forte raison, en ce cas, a-t-il droit de l'être de la doctrine de l'homme dans Calvin, comme dans tout autre: or, madame, d'après mon jugement particulier sur la doctrine de Calvin, je la trouve mensongère, hérétique, infernale.

MADAME COLARD.

24. Quoi! grand Dieu! la doctrine de Calvin n'est pas la vérité!

LETOUT.

25. Il y a loin de là, madame; lisez, je vous prie, lisez le traité des *Variations de l'hérésie* par l'illustre

Bossuet; ouvrage immortel, tout fondé sur les faits, sur les écrits de Luther et de Calvin et des disciples écrivains de l'un et de l'autre; et là vous verrez, madame, que tous ces prétendus réformateurs n'ont rien fait autre chose que la tour de Babel ; qu'ils ont été en perpétuelles contradictions les uns avec les autres, et chacun avec lui-même; or la vérité ne se contredit pas, elle ne change pas, mais se ressemble toujours à elle-même. Ces hommes, loin d'avoir été les apôtres de la vérité, n'ont donc été que les apôtres de l'erreur et du mensonge.

MADAME COLARD.

26. Juste ciel! vous osez bien le dire en présence de cette respectable assemblée, que Luther et Calvin n'ont pas été des hommes suscités de Dieu, des apôtres de la vérité, des saints !

LETOUT.

27. Ici les faits parlent, madame, l'arbre se fait connaître par le fruit; ce n'est pas seulement dans leurs écrits que ces hommes imposteurs se sont fait connaître pour être fourbes, immoraux, criminels et scandaleux, c'est aussi dans leur conduite : l'un, après avoir dit les choses les plus affreuses contre la morale et les avoir écrites, fait sortir de sa communauté une religieuse liée par des vœux solennels, et l'épouse publiquement tout prêtre et moine qu'il est, engagé aussi lui-même par les vœux solennels de religion ; l'autre donne des preuves

de la plus affreuse incontinence dans l'église de Noyon,
dont il est chanoine ; je vous fais grâces des excès de
vengeance et de cruauté exercés par l'un et l'autre.

MADAME COLARD.

28. Ah Ciel ! peut-on , avec autant d'audace et d'im-
pudence , calomnier nos saints ! Ce que vous dites de
Luther est faux, ce que vous dites de Calvin est faux.

LETOUT.

29. Si vous ne voulez pas, madame, vous en rap-
porter au témoignage de Bossuet dans son traité des
Variations, quoiqu'appuyé sur des faits irrécusables,
lisez donc, lisez , je vous prie, les monumens historiques de cette époque célèbre , lisez les ouvrages de ces
hérésiarques eux-mêmes, et là vous verrez de vos propres yeux si je vous en impose.

MADAME COLARD.

30. Letout , vous êtes un impudent et un fort malhonnête homme.

LETOUT.

31. Déjà j'ai eu l'honneur de vous le dire , madame,
je l'ai confessé et le confesse encore en ce moment , que
j'ai été un fort malhonnête homme aussi long-temps que
j'ai vécu dans la religion de Luther et de Calvin , dans
la mauvaise foi ; et je l'étais de mauvaise foi , lorsque je

résistais à la voix de ma conscience qui m'avertissait se-
crètement, me disait qu'une religion fondée par de tels
hommes, et dont l'unique but était de favoriser les passions humaines, ne pouvait venir de Dieu ; je l'étais
lorsque, malgré tous ces avertissemens, je persistais
à vouloir vivre dans l'erreur, négligeant ou refusant de
m'instruire par la crainte de connaître la vérité qui
m'aurait condamné. Je dois donc l'avouer, madame, pour
rendre hommage à cette même vérité dont, hélas ! je fus
trop long-temps l'ennemi, comme pour vous donner
sur ce point gain de cause, que jusque-là j'ai été loin
d'être un honnête homme.

MADAME COLARD.

32. Criminel ! déserter ainsi la religion de vos pères !

LETOUT.

33. La religion de mes pères, c'est celle où je reviens.
Luther, Calvin et tous ceux qui s'attachent à leur suite,
ne sont que des transfuges.

MADAME COLARD.

34. Craignez, malheureux ! craignez les jugemens de
Dieu !

LETOUT.

35. C'est parce que je les crains, que je me hâte de
revenir à la religion catholique, dans le sein de laquelle
seule est la vérité qui délivre.

8

MADAME COLARD.

36. Craignez du moins le jugement des hommes, qui partout vont s'armer contre vous ! attendez-vous à nous trouver désormais partout en opposition avec vous, ne vous regardant plus que comme un parjure, comme un impie, un apostat, un homme enfin sans religion !

LETOUT.

37. C'est bien plutôt dans la religion de Luther et de Calvin qu'on mérite toutes ces épithètes infamantes, et qu'on peut dire être vraiment sans religion. Religion vient d'un mot latin qui signifie lier fortement ensemble, de manière à ne faire qu'un, comme il est dit des premiers disciples du Sauveur, qu'ils n'avaient entr'eux tous qu'un cœur et qu'une âme; or, est-ce là ce qu'on peut dire de la religion de Luther et de Calvin? Là, chacun voulant être le juge de sa foi, et chacun la jugeant sa foi ou l'Ecriture, selon son intérêt et sa passion, il en résulte que cette foi alors se divise à l'infini; et en autant de parties qu'il y a de passions ou d'intérêts divers. Qu'on en vienne à l'expérience! Promenant ses regards sur le luthéranisme et le protestantisme, que là on se demande s'il y a quelque chose qui se ressemble! que l'on voie s'il sera possible de trouver dans cette grande multitude deux familles, allons plus loin, deux individus qui pensent de même! ce n'est donc pas là, à proprement parler, une religion, mais plutôt une division. Dans le catholicisme, au contraire, là c'est vraiment la religion; quand là tout se ressemble, tout se réunit dans une même foi invariable,

dans une même espérance, dans une même charité; fusion admirable de tous les cœurs en un seul cœur en Dieu, selon le vœu et la prière ardente qu'adressa Jésus-Christ à son Père céleste, quelques momens avant sa passion, lorsqu'il disait : « Je leur ai communiqué la « lumière et la gloire que j'ai reçues de vous, ô mon « Père! afin qu'ils soient un, comme vous et moi ne « sommes qu'un; je suis en eux et vous êtes en moi, « afin qu'ils soient tous consommés dans l'unité, et que « par-là le monde connaisse que vous m'avez envoyé, « et que vous les aimez comme vous m'avez aimé (1). »

MADAME COLARD.

38. O criminel, ô malheureux transfuge! ne pensez pas en être quitte pour cela! toutes nos maisons vous seront désormais fermées; votre père et d'autres de vos parens, qui avaient les yeux arrêtés sur vous pour leur héritage, le donneront à d'autres; tous nous vous retirons notre confiance sous les rapports de l'intérêt et de l'amitié; nous ferons plus, nous vous ferons siffler, vexer, persécuter partout; et je ne répondrais pas que quelqu'un même d'entre nous ne vous immole à sa fureur.

LETOUT.

39. C'est là de la tolérance! telle la liberté prêchée et mise en pratique par Luther et Calvin! après avoir dit d'une manière aussi solennelle que chacun est juge de sa foi, l'on vient vous crier : *Pense comme moi, ou je te tue!*....

(1) *Jean*, XVII, 22, 23.

MADAME COLARD.

40. Ah! le monstre!

BARTHÉLEMI.

41. Finissons-en là, madame, je vous en prie. Lucie, ma nièce, veuillez me rappeler le caractère de la charité qui vient après celui que nous avons traité plus haut.

Madame Colard ne se possédant plus de rage, sort précipitamment avec son mari, en criant : au fanatisme.

LUCIE.

42. Ce trait, ce nouveau trait, je le vois dans *Letout*,
Il croit tout fermement, comme il espère tout.

BARTHÉLEMI.

43. C'est de toi qu'il s'agit, douce et belle espérance !
Salut, vertu des saints, l'ancre de l'innocence,
Contre le désespoir le soutien du pécheur
Qui gémit ici-bas, victime de l'erreur !
Combien je suis ravi de contempler tes charmes !
Te voyant, de mes yeux coulent de douces larmes.
44. Viens donc, fille des cieux, viens couronner ma foi!
Fais, au nom du Seigneur, alliance avec moi (1),

(1) Oui, disons-le, parlant de cette belle vertu, ce qu'a dit le Sage, parlant de la sagesse : *Je l'ai aimée, je l'ai recherchée dès ma jeunesse, et j'ai tâché de l'avoir pour épouse, épris que j'étais de sa beauté.* Sag., **VIII**, 2.

Quand je te l'ai promis, que tout brûlant de zèle,
Jusqu'à mon dernier jour je te serais fidèle!

45. Quand le fils de l'erreur pense d'unir son sort
Au sort du mécréant , qu'épouse-t-il ? la mort (1).
Dieu ! quel aveuglement ! quel excès de démence !
Tous les biens d'ici-bas , cette vaine opulence,
Que sont-ils en effet, selon la vérité ,
Si ce n'est le néant, la mort, la vanité ?

46. Voyez ce beau palais où le mondain entasse,
Enferme sous la clef tous les biens qu'il amasse ;
Voyez-le délirant, cet orgueilleux mondain ,
N'entrevoir de bonheur que dans ce monde vain !
Son faste, ses trésors, ses folles jouissances,
Telles nous apprend-il toutes ses espérances.

47. A la mort, quand hélas! tout pour nous doit finir,
O mortel insensé! que vas-tu devenir ?
Le palais est brûlé , tout est réduit en cendre ;
L'infortuné pécheur où va-t-il donc se rendre?
La mort, toujours la mort, une éternelle mort,
De cet être orgueilleux tel le funeste sort.

TUDEVAL.

48. Ecoutons-le l'impie, en sa douleur extrême,
Au jour de son malheur , se condamner lui-même!
A quoi nous a servi notre stupide orgueil ,
Quand tout va se briser contre le même écueil,

(1) « Car, les méchans ont appelé la mort par leurs œuvres et
« par leurs paroles.... ils ont fait alliance avec elle, parce qu'ils
« étaient dignes d'une telle société. *Sag.*, I, 16.

L'entend-on s'écrier au moment qu'il succombe (1)!
Avec moi je n'ai rien emporté dans la tombe ;
Et tout ce vain éclat qui brillait au-dehors ,
Ne saurait avec moi descendre chez les morts.
Gloire, trésors, honneurs, titres, grandeurs, richesses,
Plaisirs trompeurs des sens, faste, honteuses faiblesses,
Tout, pour nous malheureux, tout périt au tombeau (2).

49. Tous ces biens à la fois , au sortir du berceau,
Tous seraient-ils venus à la fois nous sourire ,
Exciter dans nos cœurs du plaisir le délire,
Hélas! ils sont passés, et qu'ils ont été courts!

50. Telle est au firmament cette ombre fugitive,
Ce nuage doré, dont la peinture vive
Durant un court moment éblouit nos regards,
Qu'on dirait être aux cieux de puissans boulevards,
Et presqu'au même instant, qu'un vent léger dissipe,
Telle de tous ces biens la figure ou le type (3).

51. Poussé par l'ennemi, cet agile courrier ,
Qui, pressant l'éperon dans les flancs du coursier,
Sur les ailes des vents , telle une ombre légère,
Vient, passe sous nos yeux, agitant la poussière,
Tel le cours de la vie et sa rapidité,
De ses brillans trésors la folle vanité,
Le faux et le néant de ses plaisirs immondes (4).

52. Ce vaisseau balancé sur la crête des ondes,

____

(1) L'Esprit-Saint fait tenir ce langage au pécheur au jour du jugement ; mais il commence bien à voir son malheur dès l'heure de sa mort, ainsi pouvons-nous déjà dire : *au moment qu'il succombe.*

(2) A part le châtiment qui ne périt pas, chacun devant être jugé selon ses œuvres.

(3) *Sag.*, V, 9. (4) *Ibid.*

Que poursuit la tempête, et bientôt à nos yéux
Qui ne laisse après lui qu'un désert spacieux ,
Qu'un poli cristallin où brille un peu d'écume,
Qu'un bruissement sourd où se forme la brume;
Ce vaisseau voyageur dit à l'homme à son tour,
Ce qu'est son existence en ce triste séjour.
Tout près de s'embarquer sur la mer orageuse,
Il s'agite un moment sur la rive fangeuse,
Puis part et disparaît sur l'élément sans fin,
Laissant à l'univers ignorer son chemin (1),
Tout ainsi que le fait, par la vague battue,
Le vaisseau qu'un instant dérobe à notre vue.

53. Mais dans son vol léger, l'oïseau qui fend les airs,
Et la flèche lancée à l'égal des éclairs,
S'entr'ouvrant un chemin dans les plaines du fluide;
Qui les suivra de l'œil dans leur marche rapide?
L'un et l'autre a passé, tel serait un éclair,
Et je ne vois plus rien dans les plaines de l'air
Qui puisse m'indiquer le lieu de leur passage :
De notre vie, hélas! telle est encor l'image (2).

54. Il se croyait un Dieu, ce fier Olibrius,
Je n'ai fait que passer, il n'était déjà plus.
En vain je chercherais à découvrir sa trace,
Si peu dans les tombeaux il occupe de place (3).

55. Qu'on veuille s'étourdir par les ris et les chants,
A cela se réduit tout l'espoir des méchans;

(1) *Sag.*, V, 10.
(2) *Sag.*, V, 11, 12.
(3) Mais que dis-je? dans le tombeau, ce n'est plus lui, c'est quelque chose qui n'a plus de nom, pas même celui de *cadaver*, dit
Tertullien; pour lui, il est dans l'éternité. Ici-bas, *non est inventus
locus ejus.* Ps., XXXVI, 38.

Dans le creux du tombeau qu'un cercle étroit resserre,
Ils n'ont rien emporté des faux biens de la terre ;
Sitôt qu'ils ont cessé d'entrevoir les humains,
A la fois ils ont vu tout s'enfuir de leurs mains.

56. Dans cet état affreux, qu'est alors cet impie ?
Où sont-ils donc les fruits de sa philanthropie ?
Qu'est-il en ce moment sous le rayon des cieux ?
Aux yeux de l'univers, même à ses propres yeux ?
C'est l'homme qui succombe en un jour de bataille (1) ;
Lui-même et son orgueil, c'est le fêtu de paille,
Dans un étang de feu par le vent emporté (2) ;
C'est l'esclave éternel par Satan escorté,
Son âme, dans l'enfer, par sa main abîmée.

57. Qu'était donc son espoir ? une vaine fumée (3),
Quand tout périt pour lui dans ce déluge affreux ;
Il a semé l'orgueil pour moissonner des feux ;
Car, de tous ces faux biens, de cette folle ivresse,
Cieux ! que lui reste-t-il ? la flamme vengeresse.

58. On sait bien que Satan, comme dernier espoir,
Sur ses yeux fascinés tendant un voile noir,
Du néant dans son cœur fit luire une étincelle :
Mais hélas ! c'est en vain, quand l'âme est immortelle (4).
Cet espoir criminel, par l'enfer excité,
Et nourri dans son cœur par l'incrédulité,

(1) Et qui succombe sans gloire, parce qu'il ne saurait y avoir de la gloire à combattre contre son Dieu, là où il ne peut y avoir d'espérance de vaincre.

(2) *Sag.*, V, 15.

(3) *Ibid.*

(4) Ce n'était là qu'un désir, ne pouvant jamais y avoir là-dessus de conviction, et ce désir périra comme les autres. *Desiderium peccatorum peribit.* Ps. 111.

Périra, tel sur mer, périt à la tempête
L'écume, par les flots, rassemblée à leur crête (1).

59. L'Esprit-Saint veut encor que l'orgueilleux mondain,
L'esclave de l'enfer et de ce monde vain,
Soit l'hôte voyageur qui, fuyant sa patrie,
Couche une seule nuit dans une hôtellerie (2),
Puis s'enfuit au matin et ne reparaît plus.

60. Titres, gloire, grandeurs, or, plaisirs dissolus,
Tout donc, tout a péri dans la même ruine.
La fleur a disparu, ne laissant que l'épine,
Le souvenir affreux d'avoir aimé ces biens,
Qui dans son triste cœur ont formé des liens (3),
Pour éternellement déchirer ses entrailles.

61. Vengeance du Seigneur! terribles représailles!
Pour vivre en criminel, le pécheur orgueilleux,
Du Ciel, durant sa vie, a détourné les yeux,
Et le Ciel en ce jour, qui termine sa course,
A son tour les détourne; il périt sans ressource.

62. C'est pour mieux se venger, que le Ciel dans son cœur
Laisse le souvenir de sa fatale erreur,
Qu'il y laisse le fer de ces horribles chaînes,
Qui lui firent pour Dieu n'avoir plus que ses haines.
Les excès et l'horreur de ce déchirement
Sont pour lui, dans l'enfer, son plus affreux tourment.

63. C'est là ce ver rongeur, né de la conscience,
Qui, pour du réprouvé centupler la souffrance,

(1) *Sag.*, V, 15.
(2) *Ibid.*
(3) Comme une chaîne éternelle; ce qui a fait dire à S. Ber-
nard : « Ces choses se sont échappées des mains, mais le souvenir
affreux en est resté dans l'esprit pour le tourment du réprouvé.

L'attaque jour et nuit, sans jamais s'endormir (1) :
Rappelant le passé, le présent, l'avenir,
Il fait qu'à chaque instant cette âme criminelle
Succombe sous le poids de sa peine éternelle (2).

BARTHÉLEMI.

64. Cet ennemi de Dieu, parmi ses hurlemens,
Ne voit donc plus que feux, que chaînes, que tourmens.

65. Au contraire, l'élu, dont l'espoir est immense,
Voit parmi ces débris, debout son espérance;
Au travers de ces feux, lui seul n'a rien perdu,
Lorsque tout dans le ciel, tout lui sera rendu;
Quand ce n'est qu'à Dieu seul qu'il a pensé de plaire,
Tout autre espoir en lui n'étant que secondaire.

66. Est-il donc beau, ce tout, dans l'espoir du chrétien,
Hors duquel tout est vain, tout est faux, tout n'est rien !
Son objet est en Dieu, que dis-je ? est Dieu lui-même,
L'héritage des saints, et de quiconque l'aime (3).

67. *Le juste espère tout* ; c'est tout dire en deux mots :
C'est dire que son Dieu, pour prix de ses travaux,
Lorsqu'il ne peut jamais tromper notre espérance,
Sera lui-même un jour sa belle récompense (4);

(1) « *Où le ver qui les ronge ne meurt point, et où le feu qui les brûle ne s'éteint point.* Marc, IX, 43.

(2) Qu'à chaque instant, c'est-à-dire, elle ressent tout le poids de sa malheureuse éternité. Est-il pour le damné de tourment pareil à celui-là ? *Recogitat de præterito, remurmurat de præsente, præcavet de futuro.* (Un Père de l'Eglise.)

(3) « Car le Seigneur est la part qui m'est échue en héritage; et la « portion qui m'est destinée, c'est vous-même, Seigneur, qui me la « rendrez dans votre infinie miséricorde. » Ainsi parle David en son nom et au nom de tous les élus de Dieu. *Ps.* XV, 5.

(4) « Je serai votre récompense infiniment grande. » *Gen.*, XV, 1.

Et lui-même il est seul la source de tous biens (1).

68. Pour atteindre là fin, qu'il faille les moyens!

Le juste espérant tout, le Seigneur de ses grâces,
Lorsqu'il aime son Fils, et marche sur ses traces,
Vient sitôt sur son cœur, entr'ouvrant les canaux,
Faire couler sur lui les bienfaisantes eaux.

69. Après qu'au bain sacré, selon son espérance,
Ce bienheureux a vu fleurir son innocence,
Il va, rempli de foi, s'il le veut chaque jour,
De son Dieu se nourrir au sacrement d'amour (2).

70. Des efforts de l'enfer pour dompter la furie,
Son recours est encor dans le bras de Marie,
Dans celui de son ange et de son saint patron.

71. Que sais-je où du Très-Haut va se borner le don,
Pour qui plaçant dans lui toute son espérance,
Va puiser aux trésors de sa douce clémence!

72. Mais j'en ai dit assez, pour prouver que *Letout*,
Le sera cet heureux, lorsqu'il espère tout.

73. Ce que je dis de lui, je le dis de tout autre,
Fût-il un grand pécheur : l'exemple d'un apôtre,
De ce juif criminel, qui d'abord était Saul (3),
Et qui pour ses vertus fut depuis le grand Paul,

(1) *Omnia bona in uno bono.* (Pères de l'Eglise.)

(2) Dieu lui-même seul est la vie de l'âme. C'est de là que Jésus-Christ, que nous recevons dans ce divin sacrement, est sa nourriture vivifiante, parce qu'il est Dieu. *Et Verbum caro factum est... In ipso vita erat.* Joan., I.

(3) Persécuteur des chrétiens, qui, en haine de Jésus-Christ, gardait les vêtemens d'Etienne pendant qu'on le lapidait, ce qui le rendait aussi coupable, lui seul, que tous les autres, dit S. Augustin, étant censé par-là lapider l'illustre martyr par la main de tous.

Suffit pour lui montrer l'excessive clémence
De Jésus, pour qui place en lui son espérance.
Pas de péché si grand, qui dans un cœur contrit,
N'obtienne son pardon auprès de Jésus-Christ,
Si, détestant l'erreur, désireux de mieux faire,
L'on veut s'étudier désormais à lui plaire.

Ici Adrien pousse un grand soupir; ces dernières paroles ont été pour lui comme le dernier coup de la grâce qui achève de le ramener. Tant il est vrai que le désespoir est peut-être la plus grande plaie de notre siècle; ce qui fait qu'une multitude infinie de pauvres pécheurs, dans la pensée funeste qu'il ne peut plus y avoir de pardon pour eux, ne cherchant plus qu'à s'étourdir sur le remords de leur conscience, s'affermissent de plus en plus dans la haine de la religion, dont ils ne connaissent pas l'excessive bonté, et s'avancent toujours de plus en plus dans l'abîme de l'erreur, commettent plus de crimes qu'ils ne le peuvent. Adrien, après cette marque extérieure de repentir, se lève pour parler, et s'exprime ainsi :

74. Qu'ai-je fait, malheureux ! Quel crime ai-je commis !
O Cieux ! devais-je donc traiter en ennemis
Les seuls amis que j'eusse, hélas ! sur cette terre ?
En furibond j'ai pu leur déclarer la guerre !
Dans mon délire affreux, mettre tout mon effort
A les faire tomber sous les coups de la mort !
S'est-il donc jamais vu rien de plus exécrable ?
Est-il quelque pardon pour un si grand coupable ?

Ici Gaspard se lève, va se jeter au cou d'Adrien, l'embrasse tendrement et le serre contre son cœur, l'inondant de ses larmes. —Adrien, frappé de cet acte de générosité de la part de celui qu'il avait regardé comme son ennemi, et dont il avait recherché la mort, ne peut lui-même retenir les siennes. — Barthélemi, té-

moin de ce qui se passe et étant lui-même à son tour vivement ému,
prend la parole et s'exprime ainsi qu'il suit.

BARTHÉLEMI.

75. Soyez béni, Seigneur ! de ce que les enfers
  N'ont point encor soumis en entier l'univers ;
  De ce qu'il reste encor une race choisie,
  Les sept mille héros, consolateurs d'*Elie* (1),
  Qui, pareils aux premiers, sauront plutôt mourir,
  Qu'infidèles à Dieu , de jamais le trahir.
76. Tel de la charité, tel le dernier mystère,
  Ou , pour mieux m'exprimer , le dernier caractère :
  Car *elle souffre tout*, dit Paul en finissant.
  Pourrait-elle écraser de son bras tout-puissant,
  Le féroce ennemi qui vient à sa poursuite,
  Plutôt que de le faire elle prendra la fuite,
  Afin de lui donner le temps de réfléchir,
  Et de se reconnaître et de se convertir ;
  Ou bien, tel le Sauveur, notre divin modèle,
  S'inclinant sous les coups de sa fureur cruelle,
  Victime dévouée , offrant pour lui son sang ,
  On lui verra subir la mort de l'innocent.

TUDEVAL.

77. Que Jésus en effet, par sa toute-puissance,
  Eût pu facilement exercer sa vengeance
  Contre ses ennemis qui demandaient sa mort !
  Mais il ne le fit pas, touché de notre sort,

(1) *Car* je me suis réservé dans Israel sept mille hommes qui n'ont
point fléchi le genou devant Baal, et qui ne l'ont point adoré en
portant leur main à leur bouche pour la baiser *en l'honneur de
cette idole, comme signe d'adoration.* 3 Rois, XIX, 18.

Il aima mieux mourir, pour nos péchés victime,
Couvert, suivant Platon, de l'opprobre du crime(1),
Que de son bras puissant, foudroyer aux enfers,
Ses nombreux ennemis qui le chargeaient de fers.

78. Tel le fervent chrétien le fait à son exemple ;
Sa foi, vivante en lui, qui de son œil contemple
Ce Modèle divin mourant pour le pécheur ,
A la fois amollit, ravit, brise son cœur :
Qu'alors son ennemi, qu'enflamme la vengeance,
Accoure en furibond, dresse sur lui sa lance !
Qu'à demander sa mort on le voie insister !
Lui ne résiste point lorsqu'il peut résister ;
Plutôt, paisible agneau, pour imiter son maître,
Il s'incline humblement sous la lance du traître ,
Et meurt martyr heureux de cette charité
Contre qui l'incrédule est si fort irrité.

79. Comment plutôt alors, comment alors l'impie ,
Quand dans un cas pareil il tient d'elle la vie,
Tombant à deux genoux devant son avenir ,
Ne vient-il pas cent fois , mille fois la bénir ?
Qu'il s'agisse pour lui de la vie éternelle,
Ou de celle du temps s'il la trouve plus belle ,
Sous ce double rapport, avec sincérité ,
Il doit à tout jamais bénir la charité.

L'ONCLE SATURNIN.

80. Que de nombreux héros ! dont les touchans exemples
Brillent de toutes parts, dans les camps, dans les temples,

(1) « Quand Platon peint son juste imaginaire, mourant couvert
« de tout l'opprobre du crime, il peint, traits pour traits, Jésus-
Christ. (*J. J. Rousseau.*)

Que l'on ne vit jamais fléchir devant Baal,
Viennent nous attester ce que dit Tudeval !

81. Prenez, chez le Romain , *Exupère* et *Maurice* !
Là, voyez la vertu que blesse à mort le vice,
Courber son front serein sous le fer menaçant ,
Prier pour ses bourreaux , pour eux offrir son sang !

82. Là six mille soldats, ayant leurs chefs en tête,
Quand dans toute l'armée on célèbre une fête,
Telles sous le couteau d'innocentes brebis ,
Tous sont pour la vertu cruellement occis.

83. Qu'en tel cas les soldats d'une cohorte impie
Chacun d'eux eût vendu bien chèrement sa vie !
Mais ici ce n'est pas , tous et jusqu'au dernier,
Tous de la charité préfèrent le laurier,
Pour elle chacun d'eux accepte le martyre.

BARTHÉLEMI.

84. Mais bien plus près de nous, dans ces jours de délire,
Que l'on vit sous nos yeux retracer tant d'horreurs,
Où Lucifer armé de toutes ses fureurs ,
Faisait couler le sang sur la terre et sur l'onde,
Qui suspendit alors la ruine du monde ?

85. Qu'eût-il alors été le sort de l'univers ,
Si vexé , pourchassé, trahi, chargé de fers,
A l'imitation de son divin modèle,
Le chrétien à sa foi ne fût resté fidèle ;
Si le fer dans les mains, à l'égal du méchant ,
A son tour on l'eût vu trahir, verser le sang ?
Dans ce combat affreux, dans cette horrible guerre,
Est-ce donc qu'un mortel serait resté sur terre ?

Cieux ! tous fussent péris, tous et jusqu'au dernier,
Laissant au démon seul de cueillir le laurier.

86. Si les méchans sont forts, c'est de notre faiblesse,
Dira quelque idiot dépourvu de sagesse ;
Dites donc, s'ils sont forts, c'est que nous les aimons.

87. Sont-ils donc si nombreux parmi nous, ces démons ?
En compte-t-on beaucoup de ces hommes féroces,
Que l'on voit se livrer à des crimes atroces ?

88. Que tous les gens de bien chargent ces furieux,
Avant que le soleil, au firmament des cieux,
Lorsque le nouveau jour est sur le point d'éclore,
Ait encore une fois fait briller son aurore,
Tous ces monstres divers seront exterminés !

89. Mais les nouveaux chrétiens, ainsi que leurs aînés,
Savent du Dieu sauveur l'excessive clémence,
Envers l'homme égaré, sa longue patience ;
Ils savent que frapper soit Paul, soit Augustin (1),
Avant que secondés par le secours divin,
Un accident heureux dessillant leur paupière,
Ils entr'ouvrent enfin les yeux à la lumière,
Ce serait condamner leurs âmes à l'enfer,
Et faire triompher sur Jésus Lucifer.
Ils aimeront donc mieux être eux-mêmes victimes
Que de jamais se voir coupables de tels crimes.

90. Ils le savent encor qu'immoler son prochain,
Serait-ce un scélérat, ivre de sang humain (2),

(1) Si quelqu'un eût tué Paul lorsqu'il venait de tremper ses mains dans le sang d'Etienne, et Augustin lorsqu'il vivait dans la débauche, n'aurait-il pas jeté ces deux âmes dans l'enfer, et privé l'Eglise de deux grandes lumières ?

(2) La justice humaine seule a ce droit qu'elle a reçu de Dieu, et elle l'exerce alors sans pécher.

C'est jeter, dans l'enfer, son âme criminelle (1),
Dans les feux dévorans, dans la flamme éternelle,
Ensemble l'y jeter avec celle du mort,
Dont l'atroce vengeance a consommé le sort (2).

91. Qu'on ne me dise pas : mais c'est une justice,
Quand lui-même en secret méditait mon supplice !
Raison d'un fol orgueil, qui , juge de sa foi,
Veut aussi, tel Satan, lui-même être sa loi,
Tel ce fier ennemi, dans sa folle arrogance,
Se rendre égal à Dieu , lui ravir sa puissance.

92. Le précepte divin, là-dessus est formel,
Sur ce point important entendez l'Eternel,
Dont la terrible voix s'échappe du nuage :
Tu ne tueras point : est-il clair ce langage ?

93. Mais afin d'achever d'éclairer votre esprit ,
Ecoutez donc encor là-dessus Jésus-Christ ,
Entendez-le le dire à tous les enfans d'Eve :
Quiconque, en ces bas lieux, fait périr par le glaive,
Par le glaive à son tour lui-même périra (3).
Donc, l'horrible assassin tragiquement mourra (4),
Frappé du double coup, de la mort temporelle,
Et du trait acéré de la mort éternelle.

LETOUT.

94. Tout désireux qu'il soit de toujours vivre en paix,
Le chrétien attaqué ne peut-il donc jamais,

(1) Son âme à soi.
(2) Le sort éternel.
(3) *Matth.*, XXVI, 52.
(4) A moins que, comme David ou comme Paul, il ne se convertisse
et fasse pénitence.

Sans être un assassin et perdre l'innocence ,
Tuer son ennemi pour sa propre défense?

BARTHÉLEMI.

95. Ne pouvant écarter le fer de l'assaillant,
    Qu'on puisse en certains cas de son bras défaillant (1);
    Pour son malheur placé dans un danger extrême,
    Donner le coup de mort à l'agresseur lui-même,
    Soit alors(2); mais combien il est plus glorieux
    De plutôt imiter ici le Roi des cieux,
    Comme lui de mourir pour l'amour de ses frères!

96. Tel pour la charité, tel le firent nos pères,
    Nos pères dans la foi, disciples du Sauveur,
    Qui tous surent mourir pour sauver le pécheur.

97. L'histoire des élus, nulle part ne fait lire
    Que d'entre tous les saints, avides du martyre,
    Aucun se soit trouvé qui souilla son honneur
    En jetant aux enfers son perfide agresseur.

98. Car dans un cas pareil, cet agresseur perfide,
    Qu'aveugle l'intérêt, que la vengeance guide,
    Meurt en péché mortel et va droit aux enfers;
    Au lieu que le chrétien qui meurt chargé de fers,

(1) Je dis défaillant; car ce n'est qu'à la dernière extrémité, ne pouvant plus sauver autrement sa propre vie, et dans le cas dont nous allons parler ci-après, que les théologiens croient qu'on peut le faire.

(2) Il est dit en théologie que celui qui se trouve en pareil cas, s'il a le bonheur de pouvoir présumer qu'il soit en grâce avec son Dieu, doit plutôt se laisser tuer; et que s'il croit avoir le malheur d'être en péché mortel, il doit d'abord mettre tout en œuvre, employer tous les moyens qui sont en son pouvoir, avant d'en venir à cette extrémité; et s'il lui est possible d'en être quitte pour quelques membres cassés de part ou d'autre, il doit s'en tenir là.

Ou du trait ennemi lancé par la vengeance,
Lui-même vole aux cieux, s'il meurt dans l'innocence (1).
99. Du reste le chrétien meurt héroïquement (2),
Lorsqu'il laisse à son Dieu son propre jugement,
Par-là de sa clémence il se fait un refuge ;
Comme il n'a point voulu lui-même être le juge
De son frère égaré qui lui donne la mort (3),
Son fait le met en droit d'espérer l'heureux sort ;
Car qui ne juge point, au tribunal suprême
Ne sera point jugé, dit Jésus-Christ lui-même.

LUCIE.

100. Des traits qualifiés de fruits du Saint-Esprit,
Que l'apôtre saint Paul autre part nous décrit,
Daignez, joints à ceux-ci comme cadre accessoire,
Cher oncle, maintenant nous en faire l'histoire.

BARTHÉLEMI.

101. Les voiles de la nuit dérobent à nos yeux
La splendeur du soleil et la clarté des cieux ;

(1) Il n'y a pas même le moindre doute s'il meurt pour la religion, pour la foi de Jésus-Christ ; en ce cas il va droit au ciel.

(2) Est-il rien de plus héroïque que de ne pas tuer son frère quand on pouvait le tuer, et de préférer de se laisser immoler soi-même ?

(3) Donner la mort à quelqu'un, c'est bien certes le juger et le condamner en dernier ressort, lorsqu'on le fait mourir en état de péché mortel, quand il ne lui sera plus donné de pouvoir sortir des enfers pour faire pénitence, et par-là de changer son sort ; et le voilà le malheureux damné éternellement.

Déjà le tigre et l'ours accourent dans la plaine,
Et vers le nord glacé, les rives de la Seine,
Où descend la lionne, où rugit le lion (1),
Demandent à grands cris un prêtre de Sion,
Pour, au nom du Sauveur, lutter contre leur rage.
102. Isère ! il le faut donc fuir encor ton rivage,
Pour porter du secours à nos frères Normands.
103. Vous renaîtrez pour nous, jours de délassemens,
Si Dieu qui se complaît à charmer notre envie (2),
Tendant sur nous son bras, daigne nous prêter vie!
Alors, tendres amis, de vous revoir jaloux,
Alors, d'un pas pressé, je reviendrai vers vous.
104. Ainsi du don des Cieux, chacun goûtant les charmes,
L'on se quitte à regret, versant de douces larmes,
Lorsque de se revoir, l'espoir consolateur
D'un regret si pieux tempère la douleur.

(1) Durant la nuit morale, figurée par la nuit physique, nuit
morale qui est l'état du péché mortel, les lions, les tigres et les
ours infernaux sortent de leurs antres pour porter le ravage dans
la plaine des intelligences ; et quand le soleil de la parole éternelle
se lève, tous ces monstres prennent la fuite et rentrent dans
leurs cavernes, ainsi que le font les monstres de ce monde physique, d'après David. *Ortus est sol, et congregati sunt, et in cubilibus suis collocabuntur.* Ps. CIII, 23.

(2) *Voluntatem timentium se faciet.* (Ps. CXLIV, 19.) Il fera
la volonté de ceux qui le craignent.

FIN DU QUATRIÈME LIVRE.

LES CARACTÈRES

DE LA CHARITÉ,

LIVRE CINQUIÈME.

PREMIER ENTRETIEN.

A cet entretien il n'y a pas de tentes dressées par la main des hommes; au lieu de la réunion, la nature, ou plutôt la divine Providence qui l'enrichit de tous ses ornemens, a fait tous les frais. — Sur la rive gauche de l'Isère, non loin du lieu qui avait servi de théâtre aux premiers entretiens et où avaient été dressées des tentes, est une prairie charmante; c'est là, sur l'extrême hauteur de cette prairie émaillée de fleurs, que s'est réuni l'auditoire. — Le maronnier, le chêne vert, l'ormeau, le platane, le saule pleureur et mainte autre espèce d'arbres, les uns dans les autres confondus, prêtent à l'envi leur ombrage; ils inclinent avec une grâce ravissante leurs branches verdoyantes comme s'ils paraissaient vouloir entendre ce que nous allons dire de Dieu, leur créateur comme le nôtre. — Cependant un autel modeste a été dressé au pied d'un vieux hêtre; il est surmonté d'un tableau représentant la vierge Marie, tenant dans ses bras maternels l'enfant Jésus qui prête un doux sourire; au-dessus du tableau est un Christ. — L'auditoire est le même qu'il était au dernier entretien, recommandation ayant été faite de ne plus admettre de nouveaux auditeurs. — Toutefois *Michel Colard*, qui avait paru la dernière fois et que désormais nous appellerons simplement Michel, a été admis; l'on aurait de même admis *madame Colard*, son épouse, mais elle n'a plus voulu venir. — Tous étant donc réunis

et ayant pris place sur les siéges qui ont été disposés à cette fin,
Barthélemi débute ainsi :

1. Dans la nuit du passé, par le temps refoulés,
   Plus de trois mois déjà se seraient écoulés,
   Depuis les jours heureux, où donnant ses prémices,
   Le Ciel nous fit goûter de si pures délices
   Dans le sein de l'espoir et de la charité.
2. Dieu, la charité même, éternelle bonté !
   Toujours du noir enfer vous comprimez la rage,
   Sur qui vous a choisi pour unique héritage.

LUCIE.

3. Quel est-il donc ce bras miséricordieux,
   Qui pour nous fait fléchir et la terre et les cieux ?
   Quel est-il ce pouvoir à qui rien ne résiste,
   Qui partout nous défend, et partout nous assiste ?
   Encore les témoins d'un miracle nouveau !
   Pourrons-nous donc assez le bénir, le Très-Haut,
   Pour autant de bienfaits de sa douce clémence,
   Et lui marquer assez notre reconnaissance ?

BARTHÉLEMI

Commençant à entamer les fruits de charité, et à traiter de l'amour
divin qui en est le premier, et en même temps la source :

4. Pour ses divins bienfaits, au Seigneur tout-puissant,
   Apportons, oui, toujours, un cœur reconnaissant.
5. Jésus règne en vainqueur au ciel et sur la terre ;
   S'il se montre aux enfers armé de son tonnerre,

Parmi nous, comme aux cieux, il règne par l'amour.
Heureux le cœur qui sait lui rendre le retour,
Qui, de sa main blessé, le suit jusqu'au Calvaire!
Celui-là, dans la paix, au jour de sa colère,
Ne sera pas atteint de ses foudres vengeurs (1).

6. Sur la terre exilés, pour un temps voyageurs,
Jusqu'au terme marqué de notre délivrance,
Malheureux enfans d'Eve, en proie à la souffrance,
Par cent mille ennemis molestés nuit et jour,
Quels moyens d'échapper? pas d'autres que l'amour,
L'amour du Créateur et de son Fils unique.

7. Ce moyen peut, lui seul, rendre une âme énergique,
Lui faire subjuguer tant d'ennemis divers,
A l'aide de la croix, l'arracher aux enfers.

8. Du royaume des cieux, telle la porte ouverte;
Hors de là, tout faiblit, l'esprit se déconcerte,
L'on s'agite, l'on court, l'on tombe sous son faix;
Lorsqu'ici tout ravit, tout se fait dans la paix.

9. Où le prendre ce feu, si vif au cœur de Pierre (1),
Qu'est venu mon Jésus apporter sur la terre?
Ah! qui me donnerait d'en trouver le foyer,
Afin d'en allumer dans mon cœur le brasier;
Un brasier dont l'ardeur nuit et jour me dévore,
Me consume d'amour, dans mon sein fasse éclore

(1) *Abscondere.... donec pertranseat indignatio mea.* Isaïe, XXVI, 20.

(1) Qui répondit jusqu'à trois fois à celui-là même qui sonde les cœurs et les reins : « Seigneur, vous savez que je vous aime. » *Tu scis quia amo te.* Joan., XXI, 15. Et ce bon maître lui dit alors, de même jusqu'à trois fois : « Paissez mes brebis, paissez mes agneaux. »

Ce zèle du Sauveur, qu'auprès de son berceau
Vint puiser autrefois, au son du chalumeau,
Le berger, secondé, de l'angélique orchestre?
10. Mais, cieux ! que vois-je ? au sein du paradis terrestre,
L'arbre mystérieux, l'arbre que Paul décrit,
Chargé pour les élus, des fruits du Saint-Esprit (1) !
Jésus, nouvel Adam (2), de sa main bienfaisante,
Les cueille pour nourrir notre âme languissante,
Ces fruits, dont le premier est en maturité (3),
Et porte un nom écrit, celui de *Charité*;
C'est celui-là que Paul met en tête des douze,
Dont le sauveur Jésus vient nourrir son épouse (4);
11. Arbre mystérieux, planté le long des eaux (5),
Humecté nuit et jour de limpides ruisseaux,
Qui, de là, vont, prenant au sein des cieux leur source,
Humecter, féconder, dans leur paisible course,
Sur les terres d'Eden, cent mille plants divers
Destinés à nourrir le roi de l'univers (6);
Arbre saint, dont les fruits excitent mon envie,
Vous êtes donc toujours pour nous l'arbre de vie (7)!

(1) *Galat.*, V, 22.

(2) Que saint Paul appelle le second homme. 1 *Cor.* XV, 47.

(3) C'est-à-dire, au moment d'être cueilli pour nous, notre entretien commençant par l'amour divin, regardé ici comme le premier de ces fruits du Saint-Esprit dont parle l'Apôtre. *Charitas.*

(4) L'Eglise d'abord, ensuite notre âme, qu'il daigne aussi qualifier du titre d'épouse. *Cant.*, IV, 8.

(5) *Ps.* 1. Où le Prophète-Roi compare le juste lui-même nourri de ce fruit divin, à cet arbre mystérieux dont le germe fait croître autant d'arbres dans le cœur des justes, qu'il y a de justes mêmes.

(6) L'homme que Dieu a établi le roi de la nature entière. *Omnia subjecisti sub pedibus ejus.* Ps., VIII, 8.

(7) *Lignum etiam vitæ in medio paradisi.* Gen., II, 9.

12. Fruit de l'Esprit divin, aimable charité,
  De mon cœur affamé, par le trouble agité,
  Ah! venez, en ce jour, par votre vive flamme,
  Satisfaire au besoin qu'en secret il réclame!
  L'arbre de la science et du bien et du mal (1),
  Qui porte en sa racine un germe si fatal (2);
  Qui, mortel en ses fruits, dès l'aurore du monde
  Ne cesse de semer sur la terre et sur l'onde,
  Les périls, le poison, de l'infernal orgueil,
  Pourrais-je donc sans vous, l'éviter cet écueil?
  Quand en ces jours affreux, de troubles et de guerre,
  Où cet arbre fatal couvre toute la terre,
  Par le rusé serpent tous les hommes séduits,
  Armés contre le ciel, se gorgent de ses fruits,
  Puis-je donc échapper à ce nouveau déluge,
  Si votre amour, mon Dieu, ne me sert de refuge?
  Lorsque l'on voit partout, comme un feu dévorant,
  Du vice déchaîné, l'impétueux torrent
  Tout souiller, tout brûler, tout pousser dans la tombe
  Dans quel lieu, sur quel point la paisible colombe
  Pourrait-elle trouver où reposer le pied?
  Quand l'affreux mécréant, morcelle sans pitié
  L'héritage des cieux, sous nos yeux le dissipe,
  Qu'il souille de sa main jusqu'au dernier principe;
  Quand l'enfer, en un mot, soumet tout à ses lois,
  Le prince, le berger, les peuples et les rois;
  Où donc, où donc alors, aux champs comme à la ville
  Le chrétien pourra-t-il rencontrer un asile,

____

(1) *Gen.*, II, 9.

(2) **Non** pas en elle-même, mais à cause de la défense.

Une retraite sûre, où l'encens de son cœur
Puisse brûler en paix sur l'autel du Seigneur?
Divine charité, dont le ciel est la source,
Devenez donc alors notre unique ressource,
Comme vous le serez au jour de notre mort,
Où, pour l'éternité se fixe notre sort !
Car en vous seule, alors, tout notre espoir se fonde;
Seule vous échappez aux ruines du monde;
Laissant derrière vous l'espérance et la foi,
Vous nous amenez seule aux pieds du divin roi,
Pour éternellement, dans le sein de sa gloire,
Consumés de vos feux, lui chanter la victoire.

ADRIEN.

13. Couché, pâle et tremblant, non loin des sombres bords,
En rêve, cette nuit, mon esprit, chez les morts,
Voyait jaillir les feux de l'effrayant abîme....
D'un tel malheur, hélas ! me croyant la victime,
Déjà je me voyais conduit sous le pressoir,
Quand une voix, soudain, me rendit à l'espoir.

LUCIE.

14. Votre peine, en ce cas, dut-elle être cruelle !
Mais pour vous rassurer, cette voix, que dit-elle?

ADRIEN.

15. Tu possèdes la foi, me dit-elle en secret;
Mais de la charité, tu repousses l'attrait (1);

(1) En ne te rendant pas aussitôt aux cris de ta conscience qui te

Sais-tu que nul ne peut échapper à la flamme
Qui, dans ce lieu d'horreur, brûle le corps et l'âme,
Si son cœur embrasé de sentimens pieux,
N'aime le créateur de la terre et des cieux,
N'a pour son fils Jésus une amoureuse crainte,
N'aime enfin l'Esprit-Saint et la Trinité sainte ?

LA MÈRE.

16. Cette voix entendue en ce triste séjour,
Vous aurait-elle dit quel il est cet amour,
Ce tribut de nos cœurs, que l'homme sur la terre
Doit payer chaque jour au maître du tonnerre ?

ADRIEN.

17. Hélas non ! seulement, une vive clarté
A laissé ce rayon dans mon cœur agité ;
Que le Dieu trois fois saint, le Dieu de nos ancêtres,
Pour expliquer ses lois nous a donné des prêtres.

MICHEL.

18. Adrien, mon ami, vous êtes dans l'erreur ;
Moi-même j'aime Dieu plus que de tout mon cœur ;
Toute puissance en moi chante un Etre suprême ;
Je suis sa créature, et je sens que je l'aime,
Sans qu'un Prêtre jamais ne me donnât de loi,
Etant moi-même seul le juge de ma foi.

pressent d'abjurer tes erreurs, et de faire une bonne confession
pour te mettre sous l'empire de la grâce et sous celui de cette
divine charité elle-même.

LETOUT.

19. Michel aime son Dieu comme un bon calviniste,
    Voulant être à lui seul son propre casuiste ;
    Tel *Letout*, par lui-même, un bandeau sur les yeux,
    Croyait voir autrefois la lumière des cieux ;
    Tandis qu'enseveli comme au fond d'une crypte (1),
    Son ame errant au sein des ténèbres d'Égypte,
    Ayant, dans cet état, pour guide Lucifer,
    Sans presque de remords allait droit à l'enfer.
    Car l'homme embarrassé du poids de tout son être,
    Cet être malheureux toujours recherche un maître ;
    Si de son créateur il repousse le don,
    C'est à la fin d'avoir pour maître le démon ;
    Il lui faudra toujours qu'il ait ou l'un ou l'autre ;
    Il va choisir Calvin, s'il repousse l'Apôtre ;
    Et lorsqu'il vous dira qu'il est maître de soi,
    C'est à tort, quand toujours d'un autre il suit la loi.

JULIE.

20. Michel dit, touchant Dieu, qu'étant l'Etre suprême,
    Il l'a toujours connu, de tout son cœur qu'il l'aime,
    Et je viens de l'entendre, il est peu de momens,
    Contre Dieu proférer d'horribles juremens.
    Ciel ! est-ce donc ainsi qu'on craint Dieu, qu'on l'adore ?
    Traite-t-on autrement un objet qu'on abhorre ?

(1) Lieu souterrain dans une église, où l'on enterre les morts ; du
mot grec *krupté*, en latin *crypta*, lieu souterrain.

LA MÈRE.

21. Ma fille, un cœur bien né ne dénonce jamais :
L'aimable charité, jalouse de la paix,
Tiendra toujours voilés les torts les plus blâmables,
Jamais ne les fera connaître à ses semblables.

MICHEL.

22. Oui, ciel, j'aime mon Dieu, je chante sa grandeur,
Ses divins attributs, son pouvoir, sa splendeur,
Dont les traits sont écrits partout dans ses ouvrages ;
Tels, contemplant les cieux, l'ont chanté tous les âges.

BARTHÉLEMI.

23. Tel chantant à sa gloire un cantique nouveau,
Naguère crut l'aimer un Jean-Jacques Rousseau,
Qui de même en sa foi eut pour guide lui-même ;
Mais sa fin nous dira si c'est ainsi qu'on l'aime (1),
Le Seigneur tout-puissant, et qu'on lui fait sa cour ;
Si pour le lui payer notre tribut d'amour,
Il suffit pour cela d'envisager l'aurore
Lorsque le nouveau jour est sur le point d'éclore ;
Et contemplant les cieux, et la terre, et les mers,
S'il suffit d'en chanter les prodiges divers,

(1) Il fut si heureux dans sa manière d'aimer Dieu à sa mode,
que ne pouvant plus souffrir la vie, il se donna lui-même la mort.
(Voyez là-dessus l'abbé *Nonotte*.) Celui qui aime vraiment Dieu a
la paix en lui, et jamais le désespoir ne le porte à se suicider, quoi
qu'il lui arrive.

D'y voir et voler l'aigle et ramper les couleuvres (1)...

24. Quand l'Esprit-Saint dira, que la foi sans les œuvres (2)
     Est morte, et qu'un chrétien mort à la grâce, alors,
     Tout vivant qu'il paraît, est gisant chez les morts (3);
     Est-ce le dire assez, que l'amour véritable,
     L'amour qui fait les saints, amour si désirable,
     Ne consiste donc pas en de simples regards,
     Qui ne vont pas du cœur corriger les écarts;
     Mais bien dans les efforts d'un dévoûment sans feinte,
     Qui font que du Très-Haut l'on garde la loi sainte?
     Tel l'apprend le Sauveur au riche, dont la foi
     L'interroge, et de lui veut connaître sa loi (4).

MICHEL.

25. Ce feu que dans son cœur soudain l'on voit éclore,
     Qui fait qu'on cherche Dieu, le trouvant, qu'on l'adore,
     Tel est donc, selon vous, cet amour que Jésus
     Commande à notre foi, demande à ses élus.

BARTHÉLEMI.

26. Cet amour se divise en quatre caractères,
     Dont, chacun, pris à part, sont autant de mystères.

(1) « Trois choses me sont difficiles à comprendre, dit le Sage,
« la trace de l'aigle dans l'air, la trace du serpent sur la terre, et
« celle d'un navire *qui s'ouvre un passage* au milieu des mers. »
(*Prov.*, XXX.) Mais cet étonnement ne suffit pas pour pouvoir dire
qu'on aime Dieu.
   (2) *Jac.*, II, 26.
   (3) *Apoc.*, III, 1.
   (4) *Matth.*, XIX, 17.

Ecoutons, là-dessus, notre divin Sauveur !
« Vous aimerez, dit-il, Dieu, de tout votre cœur,
« Et de tout votre esprit, et de toute votre âme,
« Et de tous vos efforts (1); » à ce point que la flamme,
L'ardeur de votre cœur, dans son effort constant,
Vous fasse, pour la foi, mourir en combattant.

MICHEL.

27. *Et de tout son esprit:* Par-là, qu'est-ce donc dire?
Est-ce donc qu'en ces mots il s'agit du martyre?

BARTHÉLEMI.

28. Quand chacun de ces traits tient à la charité,
Le martyre répond à chaque vérité;
D'où celui qui les croit sans en exempter une,
Confesseur de la foi, doit mourir pour chacune (2);
Mais dans ce caractère, *et de tout son esprit,*
En son ordre placé, donné par Jésus-Christ,
De ces traits réunis, des quatre caractères,
Celui-là plus qu'un autre enferme des mystères,
Quand principalement il regarde la foi,
Toujours partout liée au code de la loi.

Michel, en qui l'on remarque une âme droite et désireuse de
s'instruire, demande qu'ici on se débarrasse des entraves de la poésie,
pour chercher à connaître dans tout leur jour les caractères de l'amour

(1) *Marc,* XII, 3o.
(2) Embrassant toutes les vérités révélées que l'Eglise nous propose de croire. La foi, dit Tertullien, est pour le chrétien qui croit
comme une espèce d'engagement au martyre. (*Sciat christianus...*)
Fidem martyrii debitricem. Tertull.

divin; chacun applaudit à sa demande, et il continue ainsi dans le langage ordinaire :

29. Comment est-ce donc que l'amour de Dieu peut regarder la foi ? Est-ce donc que croire, c'est aimer, et qu'aimer, c'est croire ?

BARTHÉLEMI.

30. Le voici : C'est que toutes les vertus se rattachant à l'amour de Dieu, qui en est comme le centre et le foyer, de même que tous les rayons se rattachent au soleil ; la foi, je parle de la foi qui sauve, c'est-à-dire, de la foi vivante, est ici en ce cas comme le principal et le plus bel acte d'amour que nous puissions produire par rapport à Dieu, d'où ensuite découlent tous les autres, la foi selon la doctrine de S. Paul, étant le fondement de tout l'édifice du salut qui s'opère dans l'amour de Dieu.

MICHEL.

31. Comment cela ?

BARTHÉLEMI.

32. En ce que celui qui croit en quelqu'un, marque par-là qu'il aime, qu'il estime ce quelqu'un, dans la proportion qu'il croit plus franchement, plus universellement et plus constamment en lui.

MICHEL.

33. Est-ce donc là ce que l'Evangile veut principa-

lement nous dire dans ces mots : *Vous aimerez le Seigneur votre Dieu de tout votre esprit?*

BARTHÉLEMI.

34. Oui, c'est là principalement ce que veulent nous dire ces mots, lors même qu'ils signifient encore beaucoup d'autres choses, qu'il importe extrêmement de savoir, et dont nous parlerons plus tard.

MICHEL.

35. *Aimer Dieu de tout son esprit*, c'est donc, d'abord, croire sincèrement en Dieu?

BARTHÉLEMI.

36. Saint Paul nous dit que la foi entre par l'oreille (1), et de l'oreille où va-t-elle? dans l'esprit, dans l'intellect par la mémoire; là donc se produit le premier acte d'adoration ou d'amour; l'esprit ou l'intellect soumettant son propre jugement et sa raison à la foi, d'après le consentement de la volonté.

MICHEL.

37. Mais enfin, que s'agit-il donc de croire par cet acte de foi amoureuse ou d'amour de foi, dans ces paroles si remarquables : *Vous aimerez le Seigneur votre Dieu de tout votre esprit?*

(1) *Fides ex auditu.* Rom., X, 17.

10

BARTHÉLEMI.

38. Il s'agit de croire tout ce qu'il a plu à Dieu de révéler à son Eglise, et que son Eglise elle-même nous propose de croire; et de tout croire, et de croire tous les mystères révélés, sans en excepter un seul. Car celui qui excepterait dans sa foi quelques mystères, n'en exceptât-il qu'un seul, celui-là n'aimerait plus Dieu de tout son esprit. Tout ainsi qu'une chaîne dont on détache un anneau qui la divise, ne suffit plus alors pour atteindre à la profondeur, à l'étendue, à la distance ou à la hauteur pour laquelle elle était destinée; de même en est-il de la foi, si vous en détachez un mystère, elle est alors insuffisante. Si donc, par exemple, cette chaîne était destinée à soutenir l'ancre d'un vaisseau, ce vaisseau privé alors de ce secours, livré à la merci de la tempête, ne pourra manquer d'aller se briser contre les écueils; et si c'est à soulever un poids des profondeurs d'un abîme, qu'elle était destinée, alors le poids retombe au point d'où on avait commencé à le soulever. Ainsi une hérésie, soit celle de Luther, de Calvin ou de tout autre, qui vient à détacher du Symbole, un ou plusieurs mystères révélés, cette hérésie fait que celui qui la professe n'aime plus Dieu de tout son esprit, par-là qu'il rompt alors un ou plusieurs chaînons à la chaîne de sa foi, qui l'attachait à lui, et qui était destinée à le soulever de la terre au ciel; alors il fait naufrage dans la foi, et retombe dans l'abîme, ainsi que le vaisseau, ou le poids dont il vient d'être fait mention, dont l'un

va à un naufrage certain ; et l'autre retombe dans l'abîme où son poids l'entraîne.

Ici Michel jette un profond soupir, des larmes coulent de ses yeux, et il s'écrie : c'en est assez pour moi, je vois maintenant mon erreur, et le sentiment de douleur que j'éprouve est tel que je n'ai plus la force de m'exprimer ; qu'un autre prenne donc ma place, pour qu'il me soit permis de me livrer tout entier à la componction de mon triste cœur.

LUCIE.

39. C'est par orgueil que l'on ne veut pas croire en Dieu dans tout ce qu'il lui a plu de nous révéler, et que son Eglise nous propose de croire ; or, l'orgueil est à l'opposé de l'estime et de la confiance que l'on dirait avoir en quelqu'un, et par conséquent de l'amour inséparable de l'estime et de la confiance ; celui-là donc est un menteur, qui dit aimer Dieu, et ne croit pas en lui dans tout ce qu'il dit et révèle, ou qui dit ne vouloir croire de la révélation divine que ce qu'il comprend, ce qui n'est plus alors la foi, mais l'évidence, la foi qui est le plus bel acte d'adoration, de confiance et d'amour que nous puissions offrir à Dieu, consistant à croire ce que l'on ne comprend pas, ce qui fait qu'alors on a le mérite de soumettre son jugement et sa raison. C'est ce que semble avoir voulu dire un incrédule converti, lorsqu'il s'est exprimé ainsi, s'adressant à Dieu lui-même : *Etre des êtres, je suis, parce que tu es.... moins je te conçois, plus je t'adore ; et le plus digne usage de ma raison, c'est de m'anéantir devant toi.*

10.

JULIE.

40. Mon cher oncle, vous avez dit, qu'*aimer Dieu de tout son esprit*, signifiait encore autre chose que la foi; daigneriez-vous nous dire ce que c'est?

BARTHÉLEMI.

41. Oui, sans doute, qu'*aimer Dieu de tout son esprit*, signifie encore autre chose que la soumission de notre esprit à Dieu par la foi; cette expression *tout* veut dire en outre que nous devons consacrer tout l'usage de notre esprit à Dieu, soit en apprenant à le connaître dans ses divins attributs pour l'aimer; soit en apprenant, étudiant et méditant ses divins commandemens (1), pour les garder et les mettre en pratique; soit enfin en contemplant les œuvres de ses mains dans le spectacle de l'univers, pour de là nous élever jusqu'à lui, etc., etc.

SŒUR MARIE-AMÉDÉE.

42. Donnez, nous vous en prions, un plus ample détail à tout cela, mon cher frère, pour que ces chères enfans le comprennent bien.

BARTHÉLEMI.

43. Ainsi donc, pour aimer Dieu de tout son esprit, il faut d'abord mettre tout en œuvre pour s'instruire de sa religion, soit par la lecture des bons livres au choix d'un bon directeur, soit par l'assis-

(1) C'est de la pratique négligée de la méditation que viennent tous les désordres de la terre, dit le prophète Jérémie. *Desolatione desolata est terra, quia nullus est qui recogitet corde.* Jerem., XII, 11.

tance aux catéchismes, à l'audition de la parole de Dieu annoncée dans les églises, dans les prônes, sermons, etc. Il faut ensuite, dans la même vue, faire régulièrement chaque jour sa méditation sur quelque point de foi ou de morale, au moins d'une demi-heure ou d'un quart d'heure, pour chercher dans ce saint exercice, à l'aide du Saint-Esprit qu'on a soin d'invoquer, à lever l'écorce de ce que l'on a lu ou entendu, afin de s'en nourrir: De plus, il faut s'accoutumer au recueillement durant le reste du jour, pour conserver intérieurement en son cœur le beau feu de l'oraison et l'esprit de vie qu'on a puisé dans les paroles qu'on y a méditées, et ces paroles elles-mêmes, ainsi que le faisait la très-sainte Vierge, de qui il est dit dans le saint Evangile: *Or Marie conservait toutes ces paroles; toutes ces choses, les repassant et s'en entretenant dans son cœur* (1). On doit surtout étudier avec grand soin les devoirs de son état, et en faire le sujet fréquent de ses méditations, car nous serons tous jugés d'une manière bien rigoureuse là-dessus.

TANTE VÉRONIQUE.

44. Voilà bien, mon cher neveu, ce qui regarde l'application de notre esprit à la religion; mais comment l'appliquer aux ouvrages de Dieu, pour de là nous élever jusqu'à lui, ainsi que vous l'avez dit?

BARTHÉLEMI.

45. Le spectacle de l'univers est comme un livre

______
(1) *Luc*, II, 19.

qui nous parle de Dieu, un livre ouvert à toute créature intelligente, et écrit en si grands et si beaux caractères, que tout le monde, même les plus ignorans,
peuvent y lire. D'abord c'est dans les cieux qu'on
va prendre cette belle leçon : « Les cieux, dit David,
« racontent la gloire de Dieu, et le firmament fait
« éclater sa puissance. » Les païens eux-mêmes, tout
plongés qu'ils étaient dans les ténèbres, faisaient entendre ce cri naturel de leur âme : « Il n'y a per-
« sonne de si borné, de si stupide sur la terre, qui,
« en regardant le ciel, ne soit convaincu qu'il y a un
« Dieu. » En effet, est-ce que là tout ne parle pas de
Dieu ? Le soleil, la lune et les étoiles ne cessent de
publier sa gloire; la nuit l'annonce à la nuit, et le
jour la dit au jour. Des cieux, abaissant nos regards
sur la terre, là tout encore nous parle de notre Dieu :
la mer nous donne une idée de son immensité ; les
montagnes, de sa majesté; les champs émaillés de
fleurs, de sa beauté; les arbres chargés de fruits et
les moissons ondoyantes, des soins paternels de sa
providence et de sa bonté infinie; enfin cet ordre
permanent qui règne dans l'univers, de sa puissance
et de sa sagesse, etc., etc.

SŒUR MARIE-ANGÉLIQUE.

46. Voilà bien pour l'esprit; mais qu'est-ce qu'aimer Dieu de tout son cœur ?

BARTHÉLEMI.

47. C'est faire, de même, que toute l'étendue et

toute la capacité de son cœur soient consacrées à
Dieu par l'amour.

SŒUR MARIE-ANGÉLIQUE.

48. Mais n'est-il pas ici, comme plus haut, des divisions à faire, pour nous donner là-dessus plus
d'intelligence, pour exciter et comme tisonner le
feu de l'amour divin dans nos cœurs, afin qu'il y
brûle avec plus d'ardeur et jette au-dehors une
flamme plus vive?

BARTHÉLEMI.

49. Sans doute qu'il est encore ici des divisions !
elles seraient même sans nombre; mais qu'il nous
suffise d'en embrasser trois des plus naturelles, qui
sont l'amour de préférence, l'amour de complaisance et l'amour de bienveillance.

TANTE LOUISE.

50. En quoi consiste cet amour de préférence?
Bien que j'en conserve une idée dans mon esprit, je
serais toutefois désireuse d'avoir encore là-dessus
quelques lumières?

BARTHÉLEMI.

51. Il consiste, en ce que l'amour que nous devons
à Dieu, doit dominer, doit l'emporter sur tout autre
amour, c'est-à-dire qu'il doit être comme le souve-
verain de toute autre affection dans notre cœur ; ce

que nous enseignent ces paroles de la sainte Ecriture, là où il est dit : « Ecoute, Israel ! Tu n'auras point « devant moi des dieux étrangers (1). » Ainsi, comme l'objet de chaque passion est une idole pour notre cœur, selon la doctrine du grand Apôtre, au rapport de l'avarice (2); il résulte de là que celui qui tient plus à cet objet par le cœur, qu'à la crainte de Dieu, qu'à l'observation de sa loi sainte, enfin qu'à Dieu lui-même, s'en occupant plus que de Dieu , étant disposé, par attache pour cet objet, à offenser son Dieu, surtout si c'est en matière grave ; il résulte de là, dis-je, que celui-là n'aime pas Dieu d'un amour de préférence , qu'il ne l'aime pas de tout son cœur, puisque déjà il ne l'aime pas de cette portion essen-tielle et principale de son cœur, qui a trait à l'amour de préférence.

MICHEL,

Qui est maintenant un peu revenu à lui-même.

52. Mais ne peut-on pas, au rapport de Dieu, ai-mer deux choses ensemble , comme on le fait pour les créatures ?

BARTHÉLEMI.

53. L'on peut aimer, par rapport à ce qui re-garde les intérêts de Dieu , Dieu lui-même , deux choses ensemble , ainsi qu'on le voit dans l'union

(1) *Exod.*, XX, 3.
(2) « Nul avare, ce qui est une idolâtrie , ne sera héritier du royaume de Jésus-Christ et de Dieu. *Eph.*, V, 5.

des deux préceptes de l'amour de Dieu et du prochain ;
mais ici c'est par le même feu, un feu pur, un feu
saint, un feu chaste, un feu tout divin, et dans l'ordre que Dieu lui-même a établi, que Dieu et le prochain sont aimés ; ici, en aimant Dieu, l'on aime avec
Dieu ce qu'il aime, et l'on déteste avec lui ce qu'il déteste ; car c'est en cela que consiste le véritable amour,
ainsi que nous l'enseignent, après l'Ecriture, les
Pères de l'Eglise, lorsqu'ils nous disent : « Vouloir
« la même chose avec l'objet aimé, et ne pas vouloir
« avec lui ce qu'il ne veut pas, en cela consiste le
« véritable et le parfait amour (1). » De cette sorte,
celui-là qui pense aimer Dieu d'un amour véritable,
lorsqu'il aime d'un autre côté ce que Dieu hait, ce
que Dieu réprouve, est dans une erreur extrême.
Dieu est seul Dieu ; si vous mettez à côté de lui une
autre divinité, un autre objet que vous aimiez autant
tant que lui ou plus que lui, vous êtes un idolâtre,
et vous opérez vous-même votre réprobation par le
crime d'idolâtrie. Dieu est lumière éternelle, sagesse
éternelle, sainteté éternelle, beauté éternelle, justice
éternelle ; et comme il ne peut y avoir d'alliance entre
la lumière et les ténèbres, la sagesse et la folie, la
vérité et le mensonge, la sainteté et le crime, la justice et l'injustice, l'horreur et la beauté, entre Jésus-
Christ et Bélial, enfin, entre le temple de Dieu et
celui des démons, si vous aimez l'un, vous ne pou-
vez aimer l'autre, ne pouvant servir deux maîtres,
ainsi que l'a dit Jésus-Christ lui-même. Ainsi donc,

____

(1) *Eadem velle et eadem nolle perfecta amicitia est.* Les Pères
de l'Eglise.

(154)

l'idole de Dagon que la grâce aura déjà renversée
plusieurs fois dans votre cœur (1), si toujours vous
tenez à la relever sur ses bases, la grâce ainsi que
l'amour de Dieu, figurés par l'Arche sainte, se reti-
reront de vous, après vous avoir frappé de plaies se-
crètes (2); et ces plaies s'opèrent par l'action de la
séparation de la grâce elle-même, qui est la santé
et la vie de l'âme, comme la maladie vient lorsque
la santé se retire, et la mort là où la vie cesse
d'exister.

MICHEL.

54. Je comprends maintenant ces choses : que
s'est-il donc passé en moi de si étrange ? Je ressemble à un homme qui sort d'un état léthargique dans
lequel il serait long-temps resté, et qui en en sor-
tant est frappé de tout ce qu'il voit, qu'auparavant il
ne voyait pas.

BARTHÉLEMI.

55. Rendez grâces à Dieu, et conjurez-le, par
Jésus et Marie, de consommer en vous l'œuvre de
sa grâce.

SOEUR MARIE-ANGÉLIQUE.

56. En quoi consiste l'amour de complaisance,
dont vous nous avez parlé, mon cher frère ?

(1) 1 *Rois*, V, 3.
(2) *Ibid.*, XI, 6.

BARTHÉLEMI.

57. Il consiste dans le bonheur que l'on éprouve de voir que Dieu soit ce qu'il est ; c'est-à-dire, qu'il soit Dieu, et qu'il le soit lui seul ; qu'il soit seul l'Etre nécessaire, celui qui est, le Tout-Puissant, l'Éternel, la souveraine beauté, l'infinie sagesse, l'infinie sainteté, l'infinie justice, l'infinie miséricorde, source de tous biens ; il consiste à se complaire dans tous les attributs de Dieu, voyant que nul autre ne les possède ni ne peut les posséder que lui ; sentimens qu'éprouvait saint Augustin quand il disait : « Oui, Seigneur « mon Dieu, oui, vous êtes Dieu, et le seul vrai « Dieu possédant seul toutes les perfections à l'infi- « ni ; mais si, par impossible, il pouvait arriver « que je fusse un instant Dieu, et que vous fussiez « en ma place Augustin, je voudrais aussitôt chan- « ger de condition, que vous fussiez Dieu, et que je « fusse de nouveau Augustin. » On voit de plus par-là que celui qui aime voudrait s'anéantir et se consumer pour l'objet aimé, et comme s'écouler tout entier en lui pour ne faire plus qu'un avec lui.

LUCIE.

58. Et que devons-nous entendre par l'amour de bienveillance ?

BARTHÉLEMI.

59. Ce mot, *bienveillance*, signifie vouloir du

bien à quelqu'un et lui en procurer le plus qu'il est
en soi de pouvoir le faire. Ainsi , l'amour de bienveillance par rapport à Dieu , c'est de désirer et faire
par tous ses efforts que son saint nom soit béni en
nous et dans les autres ; que son divin empire, que
son règne s'étende partout, chez toutes les créatures,
et dans tous les cœurs ; enfin que sa sainte volonté soit
faite sur la terre comme dans le ciel ; ce que nous disons tous les jours dans l'oraison Dominicale, nous
adressant à Dieu lui-même. Mais pour que ce caractère
d'amour soit vrai, il ne suffit pas, nous venons de le
dire, il ne suffit pas d'un simple désir ; il faut encore faire tout ce qui peut dépendre de soi pour
étendre le royaume de Dieu et celui de son Fils Jésus-
Christ sur la terre, afin de lui procurer par-là sa
gloire extérieure, ainsi que l'appellent les théologiens, gloire qu'il a laissée, dans sa bonté divine,
comme à notre disposition de pouvoir lui procurer
avec le secours de sa sainte grâce ; et cela afin que
nous puissions avoir par-là comme un titre devant
lui, comme un sujet de mérite pour être un jour
récompensés et glorifiés par lui dans son royaume
éternel. Cette gloire, nous pouvons la lui procurer,
soit par de sages instructions, des avis de sagesse et
de prudence, des corrections données à propos dans la
vue de lui gagner les cœurs ; soit par des catéchismes
faits aux ignorans, qui dans notre siècle sont sans
nombre, pour leur apprendre à le connaître et à
l'aimer ; soit enfin par toute espèce de moyens que
peut inspirer une charité toujours industrieuse
quand elle est vraie, qui puissent servir à faire ren-

trer les pécheurs en eux-mêmes, les faire réfléchir et se convertir. La prière, le jeûne, l'aumône, ainsi que l'approche des Sacremens, faits en vue de convertir les pécheurs pour les faire entrer dans le royaume de Dieu où ils devront le glorifier éternellement, sont encore des moyens bien efficaces pour la procurer à Dieu cette gloire qu'il attend de nous ; je dirai même qu'ordinairement l'efficacité des premiers moyens dépend de l'efficacité de ceux-ci. Ajoutez le bon exemple, qui est une prédication vivante et permanente, moyen encore que les Pères de l'Eglise nous disent « être plus efficace pour ramener les pécheurs « et affermir les justes que les miracles (1). Pour dernier moyen nous pouvons ajouter encore à tout ce qui vient d'être dit, le zèle à répandre de bons livres, à les donner si sa fortune peut permettre de le faire, comme le font de leur côté les apôtres de Satan pour perdre les âmes. Il a été remarqué qu'un livre donné est toujours lu avec plus de plaisir, et alors avec plus de fruit, qu'un autre que l'on aurait acheté, surtout s'il a été donné par quelqu'un pour qui l'on a de l'estime ; combien ce motif n'est-il donc pas puissant à encourager ces sortes de bonnes œuvres !

LE PÈRE.

60. Vous nous avez dit, cher frère, que le troisième caractère de l'amour de Dieu, et d'après le

---

(1) *Magis convincunt opera virtutis quàm miracula.* Les Pères de l'Eglise.

saint Evangile lui - même, était d'aimer Dieu de toute son âme : que faut-il entendre par-là ?

BARTHÉLEMI.

61. Nous devons entendre, 1.° que toutes les facultés de l'âme doivent se réunir en soi pour bénir Dieu, l'adorer et l'aimer. Tel le faisait David lorsqu'il disait, s'adressant à lui-même la parole : *Et que tout ce qui est en moi glorifie son saint nom!* C'est-à-dire, que l'esprit avec toutes ses pensées qui forment en nous un peuple déjà si nombreux seulement dans une seule journée (1), que la mémoire avec tous ses souvenirs, que la volonté avec tous ses désirs et ses répugnances, que la liberté avec cette multitude de choix qu'elle fait chaque jour, à chaque heure et à chaque instant, que le cœur avec tous ses penchans bénissent Dieu ; enfin, que l'imagination avec tous ses tableaux et toutes ses images, que l'intelligence avec sa pénétration, que tout cela s'entende et s'accorde à bénir le Seigneur ! 2.° *On aime Dieu de toute son âme,* en faisant que cette âme elle-même emploie tous ses efforts et tous ses soins à soumettre les sens du corps à la raison, à les porter de même à bénir le Seigneur ; pour que ce grand Dieu si bon, si digne d'être aimé, soit béni de tout nous-mêmes, comme il est le créateur, le conservateur et le ré-

---

(1) Car toutes ces pensées, ainsi que les désirs, les souvenirs et les paroles, forment comme un peuple innombrable et éternel qui ne meurt pas, qui entrera dans l'éternité. Cela est si vrai que là il faudra rendre compte jusques d'une parole inutile, ce qui fait trembler. *Matth.*, XII, 36.

munérateur de tout nous-mêmes : de telle sorte , dit saint Augustin, que nous puissions dire dans notre prière, au rapport de notre corps et de notre âme, proportion gardée, ce que nous disons parlant du ciel et de la terre , dans cette demande de l'oraison Dominicale ! *Que votre volonté soit faite sur la terre comme au ciel.* Comme si nous disions : que votre volonté, ô mon Dieu ! s'accomplisse en nos corps et dans tous nos sens qui sont terre, comme dans notre âme et ses facultés, qui sont en nous le ciel, et un ciel qui a aussi son firmament, et ses étoiles, où il plaît à Dieu d'habiter, lorsqu'on a le bonheur de lui rester fidèle. *Que votre volonté s'accomplisse sur la terre !* La volonté qui prie est alors ici comme un roi qui a de puissans ennemis à combattre, et qui, ne se sentant pas assez fort pour les vaincre, réclame du secours. La volonté de l'homme est en effet ici le roi de cet abrégé de l'univers; et lorsque cette âme est fidèle à son Dieu par le dévouement de sa volonté, son Dieu ne manque pas de lui envoyer les forces qu'elle lui demande pour comprimer ce peuple rebelle , et faire que tout en elle lui soit soumis. Paroles, regards, ouïe, respiration, mouvemens, l'odorat, le goût, l'action, les appétits déréglés, les inclinations, les passions, enfin tout son être, tout lui est alors soumis; c'est alors un roi qui est craint, respecté et aimé de ses sujets, devant qui tout plie, tous ses sens et toutes ses facultés, de telle sorte que lorsqu'il leur crie, parlant de Dieu, que son saint nom soit béni ! tous répondent : *Amen.* Qu'il en soit ainsi! 3.° Enfin, aimer Dieu de toute son âme, c'est mettre en pratique la loi de Dieu et toute la loi de Dieu. Ce n'est pas lorsqu'un homme forme de grands projets, prend de belles résolutions, fait de magnifiques promesses, vante son courage et sa valeur, qu'on peut dire de lui qu'il a de l'âme ; mais lorsqu'il met en pratique, mais lorsqu'il exécute des choses difficiles sans être rebuté par les obstacles. Aimer Dieu de toute son âme, c'est donc mettre en pratique sa loi sainte, et l'accomplir toute entière ; car il ne s'agit pas ici simplement de montrer une partie de son âme, d'aimer simplement de l'âme, mais de toute son âme. Et celui-là qui n'accomplirait pas toute la loi, tous les préceptes de la loi, que tous il peut accomplir aidé de la grâce de Dieu, n'ayant pas déployé toute l'énergie de son âme *pour* Dieu, ne sera point sauvé, dit l'Esprit-Saint par la bouche d'un Apôtre (1). Car il en est ici des préceptes de la loi, ce qu'il en est des mystères de la foi. Rompez un anneau à la chaîne qui soutient l'ancre du vaisseau, et le vaisseau périt ; rompez-le encore cet anneau, à la chaîne qui soulève un poids des profondeurs de l'abîme, et le poids y retombe (2) : que l'anneau de la chaîne se rompe à la partie de la chaîne qui est cachée dans l'eau ou dans le nuage, ce qui représente le côté des mystères ; ou qu'il se rompe à la partie qui est visible, et qui représente la loi, le malheur est toujours le même ; l'on périt d'un côté comme

(1) *Offendat autem in uno, factus est omnium reus.* Jac., II, 10.

(2) *Concatenatæ sunt virtutes*, dit un Père de l'Eglise.... C'est-à-dire, toutes les vertus chrétiennes, les vertus de foi et les vertus morales ne forment ensemble qu'une seule et même chaîne de salut.

de l'autre : pour être sauvé il faut donc absolument que la chaîne soit entière et se conserve entière, du côté des mystères comme du côté visible de la loi.

GASPARD.

62. Qu'est-ce enfin qu'aimer Dieu de toutes ses forces ?

BARTHÉLEMI.

63. C'est ajouter la persévérance à tout ce que nous venons de dire touchant la foi et la loi de Dieu; c'est-à-dire, c'est persévérer dans sa croyance surnaturelle, ferme et inébranlable à tous les mystères révélés, comme dans l'exercice de tout ce qu'il y a de pratique dans la foi et la loi de Dieu. C'est, à l'exemple des saints Martyrs, des Confesseurs de la foi, en un mot, de tous les Justes et de tous ceux qui nous ont laissé la certitude qu'ils étaient sauvés, être dans la disposition de mourir pour l'une et pour l'autre, plutôt que de les violer. Tous les Saints l'ont fait remarquer en eux cette invincible persévérance qui les a fait triompher, aidés de la grâce de Dieu et de la protection de Marie, de tous les obstacles qui s'opposaient à leur salut, qui leur a fait vaincre tous ces puissans ennemis qui s'élevaient contre eux de toutes parts, l'enfer avec tous ses démons, le monde avec toutes ses perfidies, la chair avec toutes ses concupiscences, qui dès-lors n'ont jamais pu réussir à les ébranler. En sorte que chacun d'eux a pu dire, en cet état, avec le grand Apôtre, rempli de la même confiance :

« Je suis certain, employant de mon côté tout mon
« effort *(puisque mon Dieu a tout fait de son côté*
« *pour moi),* que ni la mort, ni la vie, ni les anges
« de ténèbres, ni les Principautés, ni toutes les puis-
« sances *de la terre et des enfers réunies pour me*
« *perdre,* ni les choses présentes, ni les choses fu-
« tures, ni la violence, ni tout ce qu'il y a de plus
« élevé, ni tout ce qu'il y a de plus profond, ni
« aucune autre créature, *quelle qu'elle puisse être,* et
« *quelle que soit sa puissance,* ne nous pourra jamais
« séparer de l'amour de Dieu, qui est en Jésus-Christ
« Notre-Seigneur. *(Rom.* VIII, 38.*).*

MICHEL.

64. J'ai pu troubler dans ma triste agonie
    Des entretiens la touchante harmonie,
    Lorsque pressé de bientôt voir le jour,
    Touchant mon Dieu, traitant de son amour,
    J'obtins de vous, recherchant la lumière,
    De me servir du langage ordinaire !
    Que maintenant, avant que de finir,
    Lorsqu'il n'est plus de texte à définir,
    Des premiers temps soit repris le langage !
    Vais-je l'oser, d'abord, d'en faire usage,
    Dans le dessein de réparer mes torts?
    Pourrais-je ensuite employer mes efforts,
    Quand je renais, quand pour moi luit l'aurore
    D'un nouveau jour sur le moment d'éclore,
    Pour près de vous connaître le motif
    Qui d'un bon cœur, rend l'amour tendre et vif?

BARTHÉLEMI.

65. Amour sacré, qui de ta vive flamme
    En l'éclairant, réchauffes, nourris l'âme!
    Viens dans mon cœur, de tes feux l'enflammer,
    Dans le secret d'amour le consumer;
    Pour qu'en ton nom, à tes grâces fidèle,
    Avec les tiens transporté d'un saint zèle,
    Portant partout tes divines ardeurs,
    De ton beau feu j'embrase tous les cœurs!
66. Muni soudain et d'une torche ardente,
    Et des trésors d'une source abondante,
    Ah! que ne puis-je, aux yeux de l'univers,
    Eteindre ici tout le feu des enfers;
    Là, des élus brûler le diadème,
    Pour n'aimer plus mon Dieu que pour lui-même (1)
    N'est-il donc pas l'éternelle beauté,
    Lui seul le Saint, le Très-Haut, la bonté?
    Quels droits, ô cieux! sa divine clémence
    N'a-t-elle pas à ma reconnaissance?
    Tout ce que j'ai, je l'ai reçu de lui,
    Quand dans mes maux lui seul est mon appui.
    Il m'a donné l'esprit, l'âme et la vie,
    Et tous les biens qui flattent mon envie.

(1) Sentimens d'une grande Sainte consumée du feu de l'amour divin, aimant son Dieu non par la crainte des châtimens ou par l'espoir des récompenses, mais pour lui-même. On la vit un jour, dans un de ses transports d'amour, tenant d'une main une torche allumée et de l'autre un vase rempli d'eau, faisant entendre ce cri: Ah! qui me donnerait de pouvoir éteindre d'un côté tous les feux de l'enfer, et de l'autre brûler le paradis, pour que Dieu ne soit plus aimé que pour lui-même!

67. Paul dit au fat par son orgueil déçu,
    Qu'avez-vous donc que vous n'ayez reçu?
    Quand Dieu créa pour vous le ciel, la terre,
    Cieux! pourquoi donc lui déclarer la guerre?
    Pourquoi trahir le Dieu qui vous aima?

68. En vous créant votre être le charma;
    Et vous, haïr cette bonté suprême,
    Ne pas l'aimer, quand lui-même il vous aime!
    N'est-ce donc pas, aux yeux de l'univers,
    Montrer un cœur plus noir que les enfers?

69. L'astre du jour qui se lève et se couche,
    Lorsqu'à ses feux fuit la bête farouche (1),
    Resplendissant, pourquoi se lève-t-il?
    Ne dit-il pas au Juif comme au Gentil,
    Au criminel comme à l'âme fidèle,
    Qui pour son Dieu se consume de zèle :
    Enfant d'Adam, je me lève pour toi?
    Le Dieu très-haut, dont j'observe la loi,
    Me l'ordonna dès l'aurore du monde,
    De me lever sur la terre et sur l'onde,
    Jusques au sein des plus affreux climats,
    Partout où l'homme a dirigé ses pas;
    Et j'obéis au maître du tonnerre ;
    Portant mes feux en tous lieux sur la terre.
    Toi, cœur ingrat, pour ce Dieu de bonté,
    Noirci, flétri par ton impureté,
    Tu n'auras pas une seule étincelle !
    Oh ! combien donc ton âme est criminelle !

(1) Qui va se cacher dans son antre quand il se lève. *Et in cubilibus suis collocabuntur.* Ps. CIII, 22.

70. Vois sous tes yeux, sans se lasser jamais,
　　La terre en fleurs (1) te combler de bienfaits !
　　Vois ces guérêts, ces moissons ondoyantes,
　　Aux pieds des monts ces plaines verdoyantes,
　　La vigne en fleur, ces tendres arbrisseaux
　　Ornant le front de tes rians coteaux !
　　Le moissonneur bientôt sous sa faucille,
　　Dans les sillons du père de famille,
　　Où son regard, ravi, l'a vu naissant,
　　Verra tomber cet épi jaunissant,
　　Qui va porter aux cités l'abondance
　　Et du hameau soulager l'indigence ;
　　Tandis qu'ici, dans le sein d'un manoir,
　　D'un vin exquis regorge le pressoir,
　　Dont la liqueur, dont l'esprit, Dieu sait comme (2),
　　Vont réjouir l'âme et le cœur de l'homme (3)
　　Cette bonté, mortels ! ô cœurs ingrats !
　　Pour tous ses dons, ciel ! vous ne l'aimez pas !

71. A Lucifer, plutôt ce cœur volage
　　A deux genoux vient offrir son hommage (4).

(1) En pleurs, dit S. Paul, en ce qu'elle se voit forcée d'obéir à la bonté de Dieu, pour nourrir des pécheurs qui ne cessent de l'outrager. *Omnis creatura ingemiscit et parturit usque adhuc.* Rom., VIII, 22.

(2) Ce Dieu bon sait, hélas ! combien il en est de ses enfans qui en abusent de cette liqueur ; cependant il continue toujours à nous la prodiguer.

(3) « Le vin pris modérément est la joie de l'âme et du cœur, dit « l'Esprit-Saint. » *Eccli.*, XXXI, 36. « Et la tempérance dans « l'usage de cette liqueur, continue le texte sacré, est la santé de « l'âme et du corps. *Ibid.*, 37.

(4) *Immolaverunt dæmoniis, et non Deo; diis quos ignorabant.* Deut., XXXII, 17.

Quoi ! l'homme aux pieds de ce monstre infernal !
O crime affreux ! aveuglement fatal !
Quand est-ce donc que l'homme en son caprice,
Envers les cieux aura plus de justice ;
Que pour son Dieu son cœur reconnaissant,
Il va bénir son pouvoir tout-puissant,
Qu'il va chanter sa gloire et sa puissance,
Les soins nombreux de sa douce clémence,
Tel que David , en tout temps, à jamais?

72. Sache, ô mortel, pendant que tu dormais,
Que ce Dieu bon surveillait ton ouvrage,
Que son regard soignait ton héritage !
Ce grain de blé dans la terre enfoui ,
L'effet pour toi d'un travail inouï,
Son bras puissant le couvrait de son ombre ;
Il écartait de ce nuage sombre ,
Mille fléaux prêts à fondre sur toi,
Lorsque , soigneux, d'obéir à sa loi,
Les vents d'hiver restreignaient leur froidure
Pour adoucir notre température ;
Et qu'au printemps, tous armés d'arrosoirs,
Les doux zéphirs, en de grands réservoirs,
Allaient puiser, au loin, l'onde pesée,
Pour sur nos champs la répandre en rosée.
Comme en été, d'un souffle tempéré,
Sans quoi ses feux eussent tout dévoré ,
Dilatant l'air , ravivant l'atmosphère,
Ils nous couvraient de leur ombre légère.

73. N'importe, ingrat, toujours de ce Dieu bon ,
Dans ton cœur vil tu méprises le don !

Tous ces bienfaits n'émeuvent point ton âme,
Brûlant toujours de ton impure flamme,
Dans tes écarts toujours plus furieux,
Toujours tu l'es, ingrat envers les Cieux,
Sans que la foi, les pleurs, ni rien au monde
T'ouvre les yeux sur ton erreur profonde.

74. Guidés par vous, céleste vérité,
Par vous conduits devant l'éternité,
Faites s'ouvrir les portes éternelles,
Là, montrez-nous les palmes immortelles,
Les biens que Dieu réserve à ses élus,
Biens mérités par son cher fils Jésus,
Quand pour nous tous, mourant sur le Calvaire,
Pour nos péchés il voulut satisfaire!
C'est là l'effet d'un amour infini ;
L'enfant d'Adam sur la terre banni,
N'attendait plus qu'une éternelle flamme,
Où ses péchés allaient plonger son âme,
Quand pour ses torts, devant Dieu sans appui,
Ce Dieu sauveur voulut mourir pour lui.

75. Vois donc aux cieux, âme reconnaissante,
Des Chérubins la gloire rayonnante !
Le Dieu très-haut, pour combler ses bienfaits,
Là te réserve une éternelle paix,
Des biens sans prix, une gloire immortelle,
Si dans ces lieux tu lui restes fidèle.

76. Mais qu'ai-je dit? pour cette âme sans foi
Est-il de ciel, d'autre Dieu, d'autre loi,
Que du péché, les feux, leur flamme impure,
Les passions, leur horrible souillure ?

77. Qui peut comprendre un tel aveuglement,
De notre orgueil le juste châtiment?
Hélas! c'est lui, c'est lui qui nous aveugle,
Lorsqu'à l'égal de l'animal qui meugle,
Tel autrefois Nabuchodonosor,
Que fit errer la passion de l'or,
Honteux, l'on va, vaincu par la superbe,
Avec les boucs aux déserts brouter l'herbe (1).
Ne sentant plus dans son cœur agité,
Que la fureur du lion irrité,
Et dans ses flancs, qu'ardeurs, qu'impures flammes,
Des vils pourceaux les passions infâmes :
Alors, Satan, pour nous voiler les cieux,
Vaincus par lui, vient nous crever les yeux.

78. Dieu trois fois saint, le Dieu seul que j'adore,
Lorsque pour moi l'horizon se colore,
Que le soleil lance pour moi ses feux,
Ne souffrez pas que les écarts fougueux
D'un cœur livré pour sa folle arrogance,
A la fureur d'une aveugle puissance,
Puissent jamais me séparer de vous;
Mais que toujours de vous aimer jaloux,
Dans mon esprit, en mon corps, dans mon âme,
Seul, vous régniez, par votre vive flamme!

MICHEL.

79. Amour d'un Dieu!.. calmez-vous, cœurs plaintifs!..
Oh! pour l'aimer, que de puissans motifs!....

(1) « Et vous serez chassé de la compagnie des hommes; vous
« habiterez avec les animaux et avec les bêtes farouches; vous man-

LUCIE.

80. Cher oncle, les bergers rentrent avec leurs troupeaux ; déjà la nuit sombre resserre ses voiles obscures autour de nous, et les oiseaux de nuit commencent à faire entendre leur cri sauvage et lugubre ; si donc vous le permettiez, là finirait l'entretien de ce jour.

BARTHÉLEMI.

81. C'est juste ; quand on parle de Dieu, surtout de son divin amour, les momens s'écoulent rapidement sans qu'on s'en aperçoive ; mais puisqu'il est vrai que les restes de la lumière du jour achèvent de s'éteindre sous nos yeux, et que plus tard les bêtes de la forêt, pourraient exposer à quelques dangers ceux qui ont à rechercher leur demeure loin de nous, terminons donc là, s'il vous plaît, ce pieux entretien ; à demain, à notre heure ordinaire, de reprendre la suite, touchant les fruits de charité. Vive à jamais l'amour divin dans nos cœurs ! vive Jésus ! vive Marie !

Tous répondent :

82. Vive à jamais l'amour divin dans nos cœurs ! vive Jésus ! vive Marie !

« gerez du foin comme un bœuf. » (*Dan.*, IV, 29. Tel le sort humiliant de celui qui veut s'égaler à Dieu.

DEUXIÈME ENTRETIEN.

Une espèce de prodige s'est opéré pendant la nuit, touchant le lieu
de la réunion. — Aujourd'hui c'est dans une espèce d'église flot-
tante qu'on va se réunir. — Trois barques ont été fixées sur la rivière avec de gros câbles, à une distance combinée, de manière à
mettre en rapport un rivage avec l'autre. — Des arches fixées avec
de grosses barres de fer mouvantes, et d'une barque à l'autre,
établissent la communication de l'un à l'autre bord. — Ces arches
sont assez élevées pour ne pas gêner la navigation. — Sur la barque
du milieu, plus grande que les deux autres, s'appuyant sur trois
grandes poutres solidement fixées, et qui débordent des deux côtés, a été préparé un sanctuaire en forme de rotonde; ce sanctuaire
est surmonté d'un dôme majestueux, au haut duquel se montre
une croix étincelante. — C'est là que doit se réunir l'auditoire. — La
rotonde, dans le bas, forme une espèce de galerie, la vue n'étant
masquée d'aucun côté. — Le dôme est soutenu par sept colonnes,
sur le modèle de la tour dont il est parlé au livre des *Proverbes*,
bâtie par les mains de la sagesse; et certes celui qui est attaché à
la croix qui brille à son extrême hauteur, est bien la sagesse elle-
même, la sagesse incarnée. — Sur chacun des deux côtés de ce
pont qui flotte sur des barques, sont placés des arbres enrichis
de verdure et des vases de fleurs de toute espèce; de telle sorte
que les vases de différentes grandeurs et dimensions étant placés
sur la hauteur et le contour de chaque arche, tandis que les arbres
sont placés dans la partie inclinée, se trouvent de niveau. — Les
arbres, pour que la fleur jette partout son éclat vermeil, ont été
ornés par des roses de toutes couleurs, par l'œillet, le lilas et par
diverses autres espèces de fleurs, rangées avec beaucoup d'art
dans leurs branches grandes et petites, ce qui coupe d'une manière charmante leur verdure, et la rend plus saillante. — Cependant la barque du milieu, où est placée la rotonde, est fleurie avec
plus d'art encore que les deux autres. — A la droite, à la gauche de
cette barque et dans tout le contour de la rotonde, ont été placés

les vases où sont les fleurs les plus belles et qui répandent une odeur plus suave.—La richesse des ornemens de la rotonde est remarquable; de la partie inférieure du dôme, qui est au-dehors d'une blancheur éclatante, et au-dedans d'un bleu de ciel très-pur, descendent avec une grâce singulière quatre rideaux d'un très-beau vert, qui viennent de là obliquement se rattacher à quatre des sept colonnes, tandis que des franges dorées, auxquelles sont attachés des glands d'or, ornent tout le contour de cette même partie inférieure du dôme. — L'ornement de la galerie est de même, le blanc très-pur au-dehors, et le bleu de ciel au-dedans, avec des broderies, des festons et des guirlandes de chaque côté. —Un autel a été dressé du côté de l'orient, contre une des sept colonnes; cette colonne est drapée jusqu'à la hauteur du dôme: on remarque sur l'autel un Christ d'une beauté rare, et un tableau magnifique, représentant Marie qui tient l'enfant Jésus entre ses bras; de chaque côté du tabernacle sont placés des chandeliers tout brillans d'or, coupés par des vases de fleurs. —Là, tous étant donc réunis à l'heure indiquée, Michel demande à parler le premier, ce que tout le monde voit avec plaisir.

MICHEL.

1. Pourrai-je raconter le bonheur que j'éprouve?
L'avare altéré d'or, fouillant son sol, qui trouve
Une mine féconde, où des plus puissans rois
Se trouvent réunis les trésors à la fois,
Non, n'éprouva jamais une joie aussi pure.
L'amour-propre et l'orgueil, toute leur vaine enflur
Ce monde et ses appâts, sa pompe et ses plaisirs
Font-ils donc rien de plus, qu'irriter nos désirs?
C'est ici qu'un mortel goûte la paix de l'âme,
Ce bonheur pur et vrai que sans cesse il réclame,
Dans l'amour du Très-Haut, le centre de son cœur
Dans celui de Jésus, son aimable Sauveur (1).

(1) Michel connaît ici déjà, par sa propre expérience, quelle est

BARTHÉLEMI.

2. Du salut éternel, qui se tient dans la voie,
Dès ce monde déjà, du ciel goûte la joie.
C'est du bonheur des Saints l'avant-goût précurseur;
C'est déjà commencer son éternel bonheur,
Avant que de Sion les portes éternelles
S'entr'ouvrant à nos yeux, les palmes immortelles,
Et l'immortel laurier descendent dans nos mains.

3. Etes-vous malheureux, infortunés mondains,
De mépriser ainsi ces plaisirs délectables,
Pour un être immortel, les seuls biens désirables!
On vous entend crier, avides de bonheur :
« Hâtons-nous de jouir ! couronnons-nous de fleurs !
« Des plaisirs d'ici-bas ouvrant partout la voie,
« Que rien dans ces bas lieux n'égale notre joie (1) !

4. La vanité put donc ainsi vous éblouir,
Infortunés mondains trop pressés de jouir !
De votre éternité consommant la ruine,
Loin de saisir la rose aux côtés de l'épine,
L'on vous vit la cueillir du côté de la fleur.
Que vous en reste-t-il ? un éternel malheur,
Dans vos sanglantes mains une épine éternelle
En vos cœurs, du remords la blessure cruelle.

l'excellence des deux fruits du Saint-Esprit qui suivent celui que
nous avons traité dans l'entretien précédent, la joie d'une bonne
conscience et la paix de l'âme; Barthélemi va continuer quelques
momens à les développer, déplorant l'aveuglement des mondains.

(1) Dans le texte sacré : « couronnons-nous de roses avant qu'elles
« se flétrissent; qu'il n'y ait point de pré où notre intempérance ne
« se signale. » *Sag.*, II, 8.

5. Si du moins votre cœur durant tous ses forfaits,
Sous l'empire du temps eût pu goûter la paix !
Mais non, la paix, hélas ! pendant sa courte vie,
Pas même un seul instant ne sourit à l'impie ;
C'est déjà commencer ici-bas son enfer (1).
L'Esprit-Saint le compare aux fureurs de la mer,
Ce cœur infortuné, de qui l'erreur profonde
Lui fait, hélas ! chercher son bonheur en ce monde ;
C'est la mer en fureur, vomissant sur ses bords
Ses immondicités, ses horreurs, ses corps morts (2)

6. Au lieu que le chrétien fidèle dans sa voie,
Goûte dans le secret la véritable joie (3) ;
Le ciel, qui de son cœur comble tous les souhaits
Fait qu'il coule ses jours dans le sein de la paix (4)

7. Ce cœur plein de vertus, orné de sa parure,
Ne contractant jamais du péché la souillure (5),

(1) Ainsi que le juste qui persévère dans l'amour de son Dieu, commence ici-bas sa bienheureuse éternité.

(2) En Isaïe : « Les méchans sont comme une mer *toujours* agi-
« tée qui ne peut se calmer, et dont les flots vont se briser *sur le*
« *rivage* avec une écume sale et fangeuse. » *Isaïe*, LVII, 20. Et
dans l'apôtre saint Jude : « Ce sont les vagues furieuses de la mer,
« vomissant comme une écume sale *et infecte*, leurs ordures *et*
« leurs infamies. » *Jud.*, 13.

(3) Son âme tranquille goûte la joie de Dieu, qui prend sa source
dans le sein de Dieu même ; il semble déjà lui être dit : *Intra in
gaudium Domini tui.* (Matth., XXV, 23.) « Entrez dans la joie de
« votre Dieu. »

(4) Elle est belle cette paix autant qu'elle est durable, ayant sa
source dans le ciel, au sein de Dieu lui-même ; « car mon peuple,
« dit le Seigneur, reposera dans la beauté de la paix, dans les ta-
« bernacles de la confiance et dans un repos *somptueux*, plein
« d'abondance. » *Isaïe*, XXXII, 18.

(5) De manière à s'y établir ; car cette âme bienheureuse, comme

Est tel en un parterre un odorant bouquet,
Ou tel de l'époux roi, le céleste banquet (1).

8. C'est encor le rocher, près de la mer houleuse,
Qui s'élève au-dessus de sa vase fangeuse ;
Qui, toujours immobile, à ses pieds voit les flots,
En monceaux de débris ramener les vaisseaux ;
Et les flots en furie, au gré de la tempête,
Amenant les corps morts balancés sur leur crête,
Eux-mêmes d'un seul coup, par leur chute amortis,
A ses pieds se briser, tomber anéantis.

Il y a ici un moment d'interruption ; on a appris que Barthélemi est à la veille de partir de nouveau pour ses courses apostoliques, et on a en conséquence pris ses précautions pour que le reste des caractères de la charité, qualifiés de fruits du Saint-Esprit, lui soient soumis dans ce dernier entretien. Lucie en prévient son oncle en ces termes :

9. Permettriez-vous, cher oncle, qu'on vous soumette de suite ce qui nous reste des caractères de la charité, considérée comme fruit du Saint - Esprit, laissant à chacun la liberté de se servir pour cela de telle forme de vers qu'il jugera à propos? Cela fait, vous auriez ensuite la bonté de nous dire ce que vous croiriez nécessaire pour le complément de notre instruction.

BARTHÉLEMI.

10. Tout ce qui pourra vous être agréable aux uns

celui qui voyage sur une eau fangeuse, jette dehors sans cesse l'eau qui filtre dans sa barque, jusqu'à ce qu'il arrive.

(1) C'est en effet là que le divin Époux célèbre ici-bas ses noces avec notre pauvre humanité. *Sponsabo te mihi in fide*. Osée, II, 20.

et aux autres, sous le rapport surtout de vos intérêts éternels, me le sera toujours à moi-même. Qu'il en soit donc ainsi que vous l'ayez résolu.

LE PÈRE

Débute par une ode sur la patience, le quatrième des douze caractères appelés par le grand Apôtre fruits du Saint-Esprit: *Fructus Spiritûs Sancti.... patientia.*

ODE SUR LA VERTU DE PATIENCE.

11. L'armure des élus, vertu de patience !
    Ah ! régnez sur mon cœur !
Contre mes ennemis soutenez ma constance,
    Et m'en rendez vainqueur !

Satan, mes passions, les faux appâts du monde,
    Tels sont mes ennemis.
Sur vos secours puissans tout mon espoir se fonde,
    Vous les avez promis.

Je pourrai donc les vaincre, aux enfers les poursuivre
    Armé d'un saint courroux,
Les prendre dans mes fers, sous ma main les réduire
    Lorsque j'espère en vous.

Que de renoncemens, de combats et de larmes
    Vous exigez de moi !
N'importe, plein de cœur, je soutiendrai mes armes
    A l'aide de ma foi;

Et ne m'écartant point des sentiers de la grâce,
    Du chemin des élus,
De nos premiers héros (1) étudiant la trace,
    Je vaincrai par Jésus.

O vous nos devanciers, qui chantez dans la gloire
    Vos efforts triomphans !
Hâtez-vous d'assurer, au cri de la victoire,
    La palme à vos enfans !

En ces jours de malheurs, de troubles, et de guerre,
    Ouvrage des enfers,
Nous avons plus que vous, autrefois sur la terre,
    A redouter leurs fers.

SÉVÉRIN,
Jeune parent de Gaspard.

ODE SUR LA PATIENCE.

12. Au tardif à croire
    L'enfer et la mort (2) ;
    L'éternelle gloire
    Au brillant effort ;
    Tel de la victoire
    Le bienheureux sort.

(1) Des justes et des saints qui nous ont appris que c'était par-là qu'il nous fallait vaincre.

(2) A qui attend l'autre vie pour croire à la mort éternelle, la seule qui mérite le nom de mort ; car l'autre doit être désarmée, doit voir finir son empire à la résurrection générale. *Omnes quidem resurgemus.* 1 Cor., XV, 51. Alors il sera dit : *O mors, ubi est victoria tua ?* Ibid., 55.

Si donc la vengeance
Peut vous alarmer,
Et la récompense
Seule vous charmer,
De la patience
Sachez vous armer.
Brûlés d'un saint zèle,
Alors les enfers,
De leur main cruelle
Parmi vos revers,
Ne sauraient contre elle
Vous charger de fers.

GASPARD.

ODE SUR L'HUMANITÉ.

13. Oh! de toi seule, âme chrétienne,
Je chanterai l'humanité!
Quand la foi des Saints est la tienne,
Dans toi seule est leur charité.

Cette vaine philanthropie,
Source de désordres affreux,
Cruelle, autant qu'elle est impie,
Connaît-elle les malheureux!

Des peuples armés dans sa rage
Elle se sert pour ses desseins;
Pour d'un tiers voler l'héritage
Elle en soulève les essaims.

Mais sa rage est-elle assouvie?
Le pauvre aussitôt oublié,
Perd l'espérance avec la vie,
Par elle à son tour dépouillé (1).

Quand toi, des cieux fille chérie,
Toi, bienfaisante charité,
Toujours sur la classe appauvrie
Tu l'exerças l'humanité (2).

TUDEVAL.

ODE SUR LA BONTÉ.

14. Quand parmi les humains renaît la barbarie,
  Et que l'enfer armé de toute sa furie,
  En tous lieux fait flotter ses sanglans étendards,
  Heureux alors celui, qui verra la clémence
      Unie à la puissance,
  Former autour de lui d'invincibles remparts !

Tel notre œil larmoyant voit une tendre mère
Ravir son nourrisson à la dent carnassière
Au moment, sous ses yeux, de le mettre en lambeaux,
Telle, ô fille des cieux, ô divine clémence!
    En proie à la vengeance,
Vous sauvez le mortel des mains de ses bourreaux.

(1) Comme ils l'ont fait dans la révolution, enlevant leurs biens aux hôpitaux, et cela aux cris de l'humanité ; tel ils le firent dans tous les temps, aussi souvent qu'ils purent réussir à ébranler et à renverser les lois de l'ordre qui régissent la société.

(2) Voilà un bien grand miracle de la grâce opéré sur Gaspard; croirait-on que ce fut le même qui, vers le commencement de nos entretiens, était si fort enthousiaste de l'humanité philanthropique des philosophes du dix-huitième siècle?

O bonté, par l'enfer, repoussée et flétrie !
Lorsqu'il avance plein de rage et de furie,
Hélas ! à quoi peut donc s'attendre l'univers,
Si dans les cœurs encor d'une race choisie,
     Y conservant la vie,
Vous ne venez de là rompre et briser nos fers ?

O céleste clémence ! ô reine vénérée !
Dont le feu tout divin, dont la flamme épurée
Rend semblable à son Dieu le mortel ici-bas (1),
Ah ! venez, des méchans comprimant le délire,
     Etablir votre empire
Sur nos cœurs, par vos mains arrachés au trépas !

O bonté ! dont le nom déjà comble de joie
Le cœur qui du salut veut entrer dans la voie,
Ah ! daignez en ce jour, à nos cœurs malheureux
Vous montrer, quand hélas ! la féroce arrogance,
     L'infernale vengeance,
Ont, sur nous, déchaîné tant de malheurs affreux !

JULIEN,

Frère de Tudeval.

RONDEAU SUR LA BONTÉ.

15. A la bonté, le sujet alarmé,
    Qui voit par elle, aussitôt désarmé
    Le souverain qu'enflammait la colère,
    Rend dans son cœur un hommage sincère,
    De ses beaux feux, dans le secret charmé.

(1) *Matth.*, V, 45.

12.

Comment d'un Dieu, le chrétien opprimé,
Rend-il les traits, retrace-t-il là gloire ?
En le cédant, tel son Fils bien-aimé,
      A la bonté.

Ce général, ce héros consommé,
Qui donc, depuis, put ternir sa mémoire,
Lorsque toujours de courage enflammé,
Il enchaînait à son char la victoire ?
C'est un déni du héros diffamé,
      A la bonté.

Moment d'interruption: deux femmes, après s'être adressé réciproquement des injures, se sont battues, sont tombées l'une et l'autre et ont roulé par une pente rapide jusques dans l'Isère, où elles seraient péries si un homme qui travaillait sur le même coteau n'était promptement accouru pour les en retirer. En voilà deux, s'est écriée aussitôt Lucie, qui ne savent pas, pour leur malheur, ce que c'est que la patience, ni ce que c'est que la bonté; à quoi a-t-il tenu qu'elles n'allassent toutes les deux droit à l'enfer?

L'ONCLE SATURNIN.

ODE SUR LA PERSÉVÉRANCE.

16. La grâce à ses élus procure tant de joie,
  Qu'athlète courageux le chrétien dans sa voie,
    Dégagé de leurs fers,
Jusques dans leur cachot, jusqu'au fond de leur antre,
Où sous la main de Dieu leur rage se concentre,
    Va braver les enfers.

Le monde en vain étale et cette vaine pompe,
Et tous ces vains appâts dont l'apparence trompe
        Et surprend le mondain ;
L'élu n'a pour l'éclat de ces vaines chimères,
Pour ces dehors trompeurs, ces plaisirs éphémères,
        Qu'un mépris souverain.

Ces mouvemens du cœur, qui, fils de l'ignorance,
Sont avec l'ennemi toujours d'intelligence,
        Sont par lui comprimés.
Toujours ces vains désirs, qui parfois dans leur rage
Semblent vouloir des cieux lui ravir l'héritage,
        Sont en lui réprimés.

Vertu des saints héros, mâle persévérance !
Qui seule en tous les temps couronnes l'innocence,
        Et la conduis aux cieux ;
Ah ! règne sur mon cœur, et de ta main puissante,
Sur moi dompte à jamais la rage menaçante
        Des enfers furieux.

Que jamais combattant sous ton aimable empire,
A ce monde trompeur je ne prête un sourire
        Précurseur de la mort !
Mais de mes passions vainqueur, toujours le maître,
Qu'un jour, de ses élus, Dieu, l'auteur de mon être,
        M'accorde l'heureux sort !

ADRIEN.

ODE SUR LA VERTU DE DOUCEUR (1).

17. De l'arbre de la patience,
　　Fruit savoureux de la douceur (2),
　　Ah ! viens exprimer ton essence
　　Jusqu'en l'intime de mon cœur !
　　Humecté de ton suc suave,
　　Se peut-il alors qu'il ne brave
　　Par toi nourri, fortifié,
　　Ces fantômes, ces rêveries,
　　Ces tigres, ces noires furies,
　　Qui le déchirent sans pitié !

　　L'impatience et la colère
　　L'angoisse et le tourment des cœurs,
　　De leur humeur atrabilaire
　　Nous rendent tristes et rêveurs ;
　　Puis éclatant comme la foudre,
　　Renversent, mettent tout en poudre ;
　　Quand toi, sur nous, fille des cieux,
　　Des jours sereins tu fais éclore,
　　En nous rendant dès notre aurore,
　　Des noirs enfers victorieux.

(1) Adrien, autrefois si colère, donne ici un bien touchant exemple.

(2) C'est de cet arbre et du fruit délicieux qu'il porte, que parle l'Esprit-Saint au livre des *Proverbes*, là où il est dit : « que la langue pacifique est un arbre de vie. » *Lingua placabilis lignum vitæ.* Prov. XV, 4. Car les paroles sont les fruits du cœur, selon ces paroles de l'Evangile qui dit quelque part : « que la bouche parle de l'abondance du cœur. » *Luc,* VI, 45.

Jamais de chagrins ni d'alarmes
Pour qui te cultive en secret ;
Parfois, qu'on verse quelques larmes,
Ton cœur sensible est toujours prêt
A faire naître dans notre âme
De ton beau feu la douce flamme
Qui la ramène dans la paix :
Alors que ta main la console,
Que lui faut-il ? une parole
Pour être heureuse à tout jamais.

Quel cœur, serait-il d'un sauvage,
Peut résister à tes attraits ?
Ta main jusque dans l'esclavage
Fait naître de riants portraits :
Au prisonnier portant la chaîne,
Tu viens faire oublier sa peine,
Et lui faire baiser ser fers (1) :
Près de toi l'âme rassurée,
Se croit déjà dans l'empirée,
A l'abri de tous les revers.

Ta voix douce brise la pierre ;
Tel l'enseigne le Saint-Esprit (2) :
Ton front ramène la lumière
Au sein de l'âme qui s'aigrit ;

(1) Tel le grand Apôtre, qui s'écriait au sein de sa prison, en
baisant ses chaînes, comme dans toutes ses autres tribulations : « Je
« suis rempli de consolations, je suis comblé de joie parmi toutes
« mes souffrances. » *Superabundo gaudio in omni tribulatione
nostrâ.* 2 Cor., VII, 4.

(2) *Lingua mollis confringet duritiam.* Prov., XXV, 15.

Et ton accent doux et sincère
Brise l'effort de la colère
Dans l'âme de ton ennemi ;
Lorsque de sa colère extrême,
Te voyant, le tyran lui-même
Te jure d'être ton ami.

Telle encor la douce rosée
Qui soudain abat un grand vent,
Telle la colère est brisée
Par toi, chez l'homme te bravant ;
Il sent s'apaiser sa furie,
S'humaniser sa barbarie,
Lorsqu'il entend ta douce voix :
C'est plus, lorsqu'il voudra lui-même,
Pour enrichir ton diadème,
Se soumettre à tes douces lois.

Viens donc, viens, ô vertu charmante !
Viens faire alliance avec moi !
Heureux, ô beauté ravissante,
Qui vient se ranger sous ta loi !
Ses jours s'écoulant dans la grâce,
Et des élus suivant la trace,
Il ira droit au paradis :
Là, riche et chargé de mérites,
Il prendra part aux saints cantiques
De tous les élus réunis.

LUCIE.

ODE SUR LA MODESTIE.

18. Quel mérite est le tien, touchante modestie !
Toi l'ornement des cœurs, des mœurs la garantie,
Lorsque tu fais pâlir devant ton seul aspect
L'homme qui, devant toi, dirait une parole
. Ou légère ou frivole,
Tant de ton front la grâce imprime de respect !

Le monde te verra rarement te produire,
Plus rarement encor ton éclat devra luire
En des lieux où du fat brille la vanité....
Telle à l'infecte odeur d'une impure hécatombe
Va s'enfuir la colombe,
Telle tu fuis l'odeur de cet air empesté.

Des œuvres du Seigneur la touchante merveille,
Recherchant son butin, la diligente abeille
Fuit le cloaque infect pour rechercher les fleurs;
De même qu'on la voit, de travail consumée,
Fuir devant la fumée;
Ainsi fuis-tu du fat les plaisirs corrupteurs (1).

Rébecca, d'Isaac la vertueuse épouse,
De ne plaire qu'à lui, dans le secret jalouse,

______

(1) Tel que les bals, les danses, les comédies, la lecture des ro-
mans, où se délecte le cœur corrompu, ainsi que les vils pourceaux
se délectent à se vautrer dans les cloaques et à se nourrir d'ordures.

Dès qu'elle l'aperçoit pour la première fois,
Aussitôt sur son front, sur sa face céleste,
Tombe un voile modeste (1)...
Telles donc de tous temps tes rigoureuses lois.

Dans le bien que tu fais, celui que fait ta gauche
A ta droite est caché de même qu'à ton proche.
Tu ne veux pour témoin que le regard des Cieux.
Dieu seul ravit ton cœur, à lui seul tu veux plaire,
Et pour le satisfaire,
Toujours sur lui, dans tout, sont arrêtés tes yeux (2).

LETOUT.

SONNET SUR LA CONTINENCE.

19. Que dirons-nous de toi, vertu de continence!
Toi, dont l'éclat divin frappe, éblouit les yeux,
Fait l'admiration de la terre et des Cieux!
Le cœur régi par toi, fort de sa tempérance,
Sur lui, de Dieu lui-même, exerce la puissance,
En domptant de ta main ses penchans vicieux,
Dont la fougue indomptée et l'effort furieux
Jusque chez les héros fait périr l'innocence.
Aveugles mécréans, si fiers dans vos dédains!
Sans elle qu'êtes-vous, infortunés mondains?

(1) *Gen.*, XXIV, 64.

(2) C'est là cette pureté d'intention si fort recommandée dans
l'Ecriture-Sainte; ce regard de la colombe dont il est parlé au Cantique des Cantiques. *Cant.*, I, 14. Cet œil simple, unique en son
regard, dont parle le saint Evangile. *Matth.*, VI, 22.

Des troupeaux mutinés, surpris dans les entraves,
Aux piéges que Satan vient tendre aux cœurs pervers,
Des vaincus, en un mot, de malheureux esclaves
Que mille passions retiennent dans les fers.

JULES,

Fils de Tudeval.

ODE SUR LA CHASTETÉ.

20. Qui dira tes attraits, ô toi, belle innocence !
Tes charmes tout divins, ta céleste influence !
Combien tu me ravis, aimable chasteté !
Te voyant, de mes yeux coulent de douces larmes,
Tous mes sens sont émus par l'attrait de tes charmes,
    Epris de ta beauté.

Tu viens faire de l'homme un ange sur la terre (1),
Ses liens pour son Dieu qu'en lui ta main resserre,
Par ta main resserrés lui paraissent plus beaux ;
Et toujours sur ses sens lui donnant la victoire,
Il chante chaque jour, pour célébrer ta gloire,
    Des cantiques nouveaux.

Fidèle à tes leçons, le cœur vit sans reproche (2);
C'est plus, lorsque ce cœur de plus en plus s'approche

—————

(1) Un ange dans un corps mortel. On peut dire de celui-là d'a-
vance ce que le Sauveur dit de l'état éternel des élus dans le ciel :
Erunt sicut angeli Dei. Matth., XXII, 3o.

(2) Soit du côté de Dieu, par le remords, soit du côté des hommes,
soit du côté de lui-même.

De l'essence de Dieu, selon qu'il est écrit (1);
Et plein de son amour, inondé de ses grâces,
Qu'il devient, le suivant, pas à pas sur ses traces,
    L'ami de Jésus-Christ (2).

Jean, si cher au Sauveur, ô bienheureux apôtre !
Comment donc vous vit-on plus aimé que tout autre,
Et vous vit-on vous seul reposer sur son sein ?
De la virginité votre âme était parée,
De là cette faveur de se voir préférée
    A celle d'un plus saint (3).

Que parmi les mortels, ô vertu des plus rares !
Fût-ce chez les humains, même les plus barbares,
Toujours vos doux attraits surent charmer les cœurs !
Soit le Grec, le Romain, le Germain ou le Scythe (4),
Tous vont offrir la palme et sans-fard hypocrite
    A vos charmes vainqueurs.

Loin de là, l'impudeur, son horrible souillure,
Firent dans tous les temps horreur à la nature ;
Dans un cœur attisant leur vile passion,
Les infectes noirceurs de leur brûlante lave
Toujours vinrent flétrir de leur honteux esclave
    La réputation (5).

(1) « Et cette parfaite pureté approche l'homme de Dieu. »
Sag., VI, 20.

(2) *Vos amici mei estis.* Joan., XV, 14.

(3) Supposé que Pierre, chef de l'Eglise, fût plus saint par ses
autres vertus que ne le fut Jean lui-même.

(4) Chez les Grecs, Alexandre, au commencement de son règne ;
chez les Perses, Cyrus ; chez les Romains, Scipion ; combien tous
ces héros ont été célèbres par leur chasteté !

(5) Chez les Grecs Alcibiade est frappé de l'ostracisme, il est exilé

Viens donc, fille des cieux, viens régner sur mon cœur,
L'épurer, l'embraser de ta céleste flamme!
Viens dresser pour toujours ton trône dans mon cœur,
Pour de là sur mes sens, avec pleine puissance,
Eteignant tous les feux de la concupiscence,
    Faire germer ta fleur.

SOEUR MARIE-ANGÉLIQUE,

Frappée de tout ce qui vient d'être dit, déclame une ode sur la charité envisagée sous les rapports de l'amour de Dieu, selon la peinture qu'en fait l'épouse dont il est parlé au Cantique des Cantiques.

21. Aux regards qu'éblouit ta lumière éclatante,
   Tels sont donc tes attraits, divine charité!
   Tels tes charmes vainqueurs, ta grâce triomphante,
   Tes richesses, tes feux, de qui la flamme ardente
   Consume dans un cœur ceux de la vanité,
   Eteint les feux impurs de l'horrible luxure,
   Pour de fleurs de vertus relever sa parure
      Devant l'éternité.

   Des pas du Fils de Dieu nous découvrant la trace,
   L'amour qui naît de toi, dont les vives ardeurs,
   De nos cœurs attiédis faisant fondre la glace,
   Font de nous des héros, nous remplissent de grâce,

pour cause d'impiété et d'impudeur; les Tarquin, pour la même cause, se voient à jamais expulsés de Rome; l'impudeur, chez les Troyens, est aussi la cause de la ruine de leur ville; elle est la cause de la haine des Francs contre Chilpéric, qui les porte à le détrôner; ces exemples seraient ici sans nombre, si on voulait les citer.

Cet amour triomphant nous rend partout vainqueurs.
Le chrétien dont l'espoir sur toi seule se fonde,
Triomphe des enfers, foule à ses pieds le monde
  Et ses plaisirs trompeurs.

Fuyant le siècle impur et ses plaisirs infâmes,
Brillantes dans les cieux aux yeux des Chérubins,
Tes lampes dont l'ardeur vient consumer nos âmes,
Sont des lampes de feu, sont des lampes de flammes (1),
Des lampes dont l'éclat, dont les rayons divins,
Portent au cœur du juste un foyer de lumière,
Un feu qui, de cœurs nés enfans de la colère (2),
  En fait des Séraphins.

Ce beau feu concentré dans une âme choisie,
Qui dira les hauts faits de son brillant effort?
Comprimant de sa main l'effort de l'hérésie,
On la voit de Satan dompter la jalousie (3),
Et dans tous ses combats, plus forte que la mort (4),
Jusques sur les enfers faisant gronder la foudre,
Dans son cœur courageux, réduire tout en poudre
  Pour un plus heureux sort.

Le jour où périront le ciel, la terre et l'onde (5),
  Où le temps va s'enfuir devant l'éternité,

(1) *Lampades ejus, lampades ignis atque flammarum.* Cant., VIII, 6.

(2) *Eramus naturâ filii iræ.* Eph., II, 3.

(3) *Dura sicut infernus æmulatio.* Cant., VIII, 6.

(4) *Fortis ut mors dilectio.* Ibid.

(5) Par le feu ; car tous les élémens seront dévorés par le feu, dit l'apôtre S. Pierre : *Elementa verò calore solventur.* 2 Pet., III, 10.

Où le fat, revenu de son erreur profonde,
De rage pleurera la ruine du monde ;
Alors, le bienheureux, fils de la vérité,
Sur son front qui déjà de tant d'éclat rayonne,
Ta main viendra placer l'immortelle couronne,
Divine charité !

MICHEL,

Résolu d'être sincèrement à Dieu, prononce une ode sur la charité
considérée dans les dons qu'elle prodigue aux mortels d'un côté,
et comme infuse de l'autre dans nos cœurs par le Saint-Esprit.

22.   Telle donc ta flamme pure,
O divine charité !
Tu nous rends avec usure
Les dons de l'éternité ;
Dons que notre premier père
Reçut avec la lumière,
Que les enfers triomphans,
Que les anges de ténèbres,
Par leurs efforts trop célèbres,
Ravirent à ses enfans.

Mais leur infernale ruse
Nous a valu Jésus-Christ (1) ;
En lui, dans nos cœurs infuse
D'en haut, par son Saint-Esprit (2),

---

(1) Ce qui fait dire à l'Eglise, parlant de la faute d'Adam, *ô felix culpa !* « O heureuse faute, qui nous a valu un tel rédempteur ! »

(2) *Charitas Dei diffusa est in cordibus nostris per Spiritum Sanctum.* Rom., V, 5.

La charité dont la flamme
Brûle et consume notre âme,
Rend si puissant notre effort,
Que mûs par son ardeur vive,
Lors la foi prend l'offensive
Et triomphe de la mort (1).

Des cœurs l'unique ressource,
Esprit-Saint, Dieu de bonté !
Vous l'intarissable source
Des dons de la charité,
Faites que, brûlant de zèle,
Je vous sois toujours fidèle
Jusques dans l'éternité ;
Que vainqueur sous votre empire
J'aille plutôt au martyre
Que de vous voir attristé (2).

Illustre martyr ! Etienne,
Que votre foi me ravit !
Ah ! si telle était la mienne,
Ce penchant qui m'asservit,
Ce noir démon qui m'enchaîne
Qui dans les enfers m'entraîne,

(1) De la mort éternelle, qui est la véritable, l'autre qui n'est que la figure de celle-là, n'étant qu'un sommeil plus long que le sommeil ordinaire, disent les Pères de l'Eglise. *Somnus consueto longior.*

(2) Nos infidélités, nos résistances à la grâce, aux mouvemens du Saint-Esprit dans nos cœurs, le contristent ce divin Esprit ; ah ! gardez-vous donc d'un tel malheur, dit le grand Apôtre. *Nolite contristare Spiritum Sanctum.* Eph., IV, 3o.

Ne régnerait plus sur moi ;
Mais toujours le Dieu qui m'aime,
Brûlé de son amour même,
Me verrait garder sa loi.

Amour sacré dont la flamme
Fait la force des martyrs,
Régnez, régnez sur mon âme !
Témoin de son repentir,
Par un effort de clémence
Rendez-lui son innocence
Et l'embrasez de vos feux !
Que dans l'immortelle gloire
Je chante un jour la victoire !
Tel l'objet de tous mes vœux.

LUCIE.

23. Cher oncle, serait--il, sur tous ces caractères,
Dignes d'être chantés, encor quelques mystères ?

BARTHÉLEMI.

24. Le Seigneur a parlé, je vois ici sa main ;
Qu'ai-je à faire de plus ? bénir le trois fois Saint,
Lorsque ma mission près de vous est remplie !
Votre promesse, ô Dieu ! sur nous s'est accomplie.
Jésus dit autrefois, prêchant aux pieds des monts,
Après avoir des corps pourchassé les démons :
Heureux qui, du péché détestant la malice,
Zélé pour son salut *a soif de la justice !*

13

Ce fortuné mortel *sera rassasié*,
Son cœur, devant son Dieu sera justifié.

25. Tels vos puissans attraits, ô céleste parole!
Dont si fort en ce jour le charme me console,
Me faisant oublier mes peines, mes travaux,
Qui pour l'éternité sont chaque jour nouveaux!

26. A ces nombreux élus, je n'ai plus rien à dire,
Lorsque je les vois tous disposés au martyre,
Plutôt que désormais, gardiens de votre loi,
D'oublier leurs sermens et renier leur foi.

27. Bénissez-nous, Seigneur! et vous, tendre Marie!
Pour que tous les efforts de l'enfer en furie
Ne puissent désormais surprendre aucun de nous,
A lui brûler l'encens dont il est si jaloux;
Pour que, par ce penchant qui si fort nous entraîne,
Il ne puisse jamais nous prendre dans sa chaîne,
Pour nous faire avec lui nous armer contre Dieu.

28. Non, non, *vaincre ou mourir*, pour nous point de milieu
Evitant avec soin de nos sens la surprise,
Telle est à tout jamais, telle notre devise.

29. Avec quels sentimens devant notre avenir,
Dieu clément, Dieu si bon, devons-nous vous bénir,
Devons-nous vous marquer notre reconnaissance,
Pour tous ces dons reçus, cet excès de clémence!

30. Tendre Mère, ô Marie! ah! pour tous vos enfans,
Que vos puissans secours ont rendus triomphans,
Daignez, daignez pour eux les présenter vous-même
Leurs vœux reconnaissans, à sa bonté suprême!
Présentés par vos mains, ils vont toucher son cœur,
Nous obtenir à tous le don de la ferveur,

Y joint le don heureux de la persévérance,
Qui seule à la ferveur obtient la récompense.

A peine Barthélemi a-t-il prononcé ces derniers mots, la nuit ayant déjà commencé à tendre ses voiles obscurs, qu'aussitôt un feu d'artifice se fait remarquer sur toute la ligne du pont, offrant différens dessins; tous les regards se tournent de côté et d'autre pour être témoins de cette curiosité inattendue, qui semble offrir quelque chose de magique. Barthélemi profite de ce moment de distraction pour prendre la fuite. Le mot ayant été donné, une voiture l'attend à quelque distance du rivage, il y monte, et ainsi finit le dernier des entretiens touchant la vertu royale de la charité.

VIVE A JAMAIS

L'AMOUR DIVIN

DANS NOS COEURS!!!

VIVE JÉSUS!!! VIVE MARIE!!!

SIC ET OPERIS FINIS.